博仁心理服务丛书

教育部重点课题（DHA190373）研究成果

家校协同育人家长用书

教子良方（幼儿）

京师博仁（北京）教育科技中心　组编

20位心理专家和一线心理工作者

用心理技术和方法帮你解决家庭教育常见问题

高等教育出版社·北京

内容提要

本书按照教育部颁布的《3—6 岁儿童学习与发展指南》和 2019 年全国教育工作会议中关于家校协同育人的会议精神，以及《全国家庭教育指导大纲(修订)》对家庭教育的要求编写，旨在促进家长和孩子之间相知、相融、相长，提高家庭教育指导的科学性、针对性和实效性。本书遵循幼儿的发展规律和学习特点，通过情景再现的方式，呈现父母在育儿过程中的现实热点问题；通过专家解析，为父母解开育儿困惑；通过行动指南，为家长提供科学有效的育儿策略。全书共分 36 个专题，聚焦 3—6 岁幼儿发展的典型问题，并提供了相应的教育建议。

本书是面向 3—6 岁幼儿家长的一本科普读物，同时可作为幼儿园教师、家庭教育培训机构的参考用书。

图书在版编目（CIP）数据

家校协同育人家长用书：教子良方：幼儿 / 京师博仁（北京）教育科技中心组编. --北京：高等教育出版社，2021.10

（博仁心理服务丛书 / 程爱理主编）

ISBN 978-7-04-056742-7

Ⅰ. ①家…　Ⅱ. ①京…　Ⅲ. ①幼儿教育－家庭教育 Ⅳ. ① G781

中国版本图书馆CIP数据核字（2021）第168571号

JIAOZILIANGFANG（YOU'ER）

策划编辑　陈　海　　责任编辑　傅　波　陈　海　　封面设计　张　志　　版式设计　于　婕
插图绘制　于　博　　责任校对　马鑫蕊　　责任印制　赵　振

出版发行	高等教育出版社	网　　址	http://www.hep.edu.cn
社　　址	北京市西城区德外大街 4 号		http://www.hep.com.cn
邮政编码	100120	网上订购	http://www.hepmall.com.cn
印　　刷	高教社（天津）印务有限公司		http://www.hepmall.com
开　　本	787mm×1092mm　1/16		http://www.hepmall.cn
印　　张	12		
字　　数	210千字	版　　次	2021 年 10 月第 1 版
购书热线	010-58581118	印　　次	2021 年 10 月第 1 次印刷
咨询电话	400-810-0598	定　　价	38.00 元

物 料 号　56742-00

“家校协同育人家长用书”编委会

·序·

家庭教育是立德树人的第一个环节，日益受到国家的重视。2010 年全国妇联出台《全国家庭教育指导大纲》,2019 年九部门印发了《全国家庭教育指导大纲(修订)》。2015 年习近平总书记发出“注重家庭、注重家教、注重家风”的重要指示，同年教育部出台了《关于加强家庭教育工作的指导意见》;2019 年教育部把家庭教育视作全国基础教育的重点工作之一。国家重视与社会促进将家庭教育推入了专业化的轨道。为家庭教育注入心理学和教育学的科学内涵成为这项社会事业发展的大势所趋。

家庭是人生的第一所学校，家长是孩子的第一任老师。这两个隐喻强调家庭教育对孩子终身发展的重要性。但家庭毕竟不是学校，家长不都是职业教师。家庭教育也不是学校教育的自然延伸，不能完全移植学校中有目的、有组织、系统性的正式学习形式。家庭教育在多数情况下是一种非正式学习，它是无所不在的，浸入在学校之外的所有时间里，发生在饭桌上、电视前、旅游中……有着自身的独特性。更何况，家庭教育所涉及的家庭背景千差万别、家长水平参差不齐、孩子个性各不相同，有着异常的复杂性。家庭作为特殊的学校、家长作为非正式老师急需科学的、专业的、有效的教育实践指导。

因应国家战略和社会需求，京师博仁(北京)教育科技中心组织家庭教育和心理学方面的专家、学者和一线教师共同编写了“家校协同育人”丛书。其中的家长用书“教子良方”系列分为幼儿版、小学版和中学版三册，涵盖儿童、青少年在人生发展中的社会适应、行为习惯、学习能力、人际交往、人格品质、身心健康和生涯发展等方面的内容，旨在引导家长遵循儿童青少年的身心发展规律，应用科学有效的教育策略和实战技巧，促进孩子的全面发展和个性化成长，帮助孩子追求学业成功、获得终身幸福。

“教子良方”聚焦于家庭教育过程中的105个专题。这些专题都来源于家长在育儿中经常遇到的令人头痛的问题,具有很强的代表性。在教程设计上,每个专题由情景再现、家长困惑、专家解析、行动指南和自助训练5个环节展开。通过创设具体的问题情景,将家长的盲区、误区甚至雷区外显出来,激活家长的实际经验,触动家长的切身感受;专家随后对问题给以科学、清晰的解析,为家长解惑答疑,使家长对这些问题建立科学的认识;接着为问题的解决提供具体可行、操作性强的程序和实招;并一步一步地引导家长进行自主训练。这种教程设计使家长对这些专题所隐含着的心理学原理不仅知道了、懂了,而且是感受到了,关键是最终做到了。

值得一提的是,该丛书还渗透着“育儿即育己”的理念。有时候,孩子的问题折射出的是家长的问题。有道是,正人必先正己,身教甚于言传。从这套教程中,家长不只是能够学到一些心理学的概念,获得一些实用的育儿术,同时也是在不断地认识着自己,发展着自己,甚至改造着自己。家长如果能够运用书中的知识,时时反省并改善自己的为人、处世与待物之道,就能达到不教而教的功效,从根本上解决育儿难题,最终与孩子平行发展,共同成长。

该丛书的编写具有易读、易懂、易做的特点。通过一个一个鲜活的案例分析,深入浅出地把让普通大众望而生畏的心理效应和教育理论变为通俗易懂、简单易行的生活实践,有利于帮助家长建构起适于自己也适于孩子的具有个人特性的科学育儿经。不仅适用于家长,对家庭教育研究者、工作人员和一线教师开展家庭教育实践也有重要的参考价值。

孩子是家庭的希望、国家的未来。家长作为第一任教师要给孩子上好人生第一课,帮助孩子扣好人生第一粒扣子。对家长持续而系统性的培训任重而道远,与此相应,家庭教育的理论研究与实践指导需要与时俱进,不断提高自身的科学性。该丛书可被视作我国家庭教育专业化道路上的一种科学性的尝试,将为提高我国家庭教育质量做出有益的贡献。

刘儒德

北京师范大学心理学部

2021年5月

前言

教育是国之大计。习近平总书记在2015年初发出“注重家庭、注重家教、注重家风”的重要指示，同年10月教育部出台了《关于加强家庭教育工作的指导意见》，2019年陈宝生部长在全国教育工作会议上强调把家庭教育作为全国基础教育的重点工作之一，我国家庭教育随之进入了新的发展阶段。教育从来就是家庭、学校和社会共同的责任。家庭教育潜移默化，深入骨髓，对孩子人格的养成起着至关重要的作用。

家庭教育与学校教育有共同点，两者的专业性强，都需要科学系统的指导，但家庭教育与学校教育又有不同，各自有着独特的教育规律。学校教育指导一直都在系统地进行，但对于家庭教育的指导目前尚有很多薄弱环节，对于家庭教育的内涵、方法、体系等方面还需要进一步探讨，对于家庭教育的指导还需要进一步科学化和实践化。如何对家长进行科学地指导，家长如何进行有效的家庭教育是当今教育领域迫切需要解决的问题。

家庭教育的理论研究与实践任重而道远，儿童青少年是家庭的未来和希望，更是国家的未来和希望。为响应教育部研发家庭教育教材，开展家庭教育实践的号召，京师博仁(北京)教育科技中心组织国内多位著名家庭教育、心理学方面的专家、学者和一线教师共同编写了“家校协同育人”丛书。该套丛书的编写在遵循儿童青少年的身心发展规律和关注个体全面和谐发展的同时，还兼顾了个体差异，做到了具体问题具体分析。

家校协同育人家长用书“教子良方”系列按照儿童发展阶段分为幼儿版、小学版和中学版三种，能够让不同阶段的家长有的放矢。为了能够让家长及教育工作者“精准”地开展家庭教育实践，家长用书聚焦家庭教育过程中常见的105个专题，其中幼儿版36个专题，小学版36个专题，中学版33个专题。每个专题包括情景再现、家长困惑、专家解析、行动指南、自助训练5个部分,描述问题后,进行专家解析,为父母解开育儿困惑,为家长提供科学有效的育儿策略。教材中体现了理论与实践结合、科学规律与实际经验结合的原则,采用多学科交叉的视角,应用科学规律解决实际问题,让家长既可以感同身受,又可以受教良多,真真切切地提高家庭教育水平,促进子女全面发展,解决家庭教育中的诸多问题。

本书在编写过程中,参考引用了部分文献,在此表示感谢!随着社会的发展,许多家庭教育问题尚待进一步探讨。书中不妥之处,敬请广大读者批评指正。

编委会

2021年5月

目录

专题1　如何解决入园初期的分离焦虑

情景再现

尽管我做好了宝宝入园后会出现哭闹的准备，但现实还是让我手足无措。我家宝宝入园的第一天其实没什么太大的反应，甚至在我临走的时候还和我说再见呢！说实话，入园的第一天我比孩子更焦虑，一整天都魂不守舍，就想着孩子在园里会哭成什么样。终于熬到了放学时间，我早早就守在幼儿园大门口，接到女儿的时候，她没像其他宝宝那样大哭不止，但是能感觉出来她是在忍着。第二天一大早，当我说今天还要继续去幼儿园的时候，女儿一下子爆发了，她搂住我的脖子一边哭一边说："好妈妈，不要去幼儿园！不要去幼儿园了好吗？"我知道，这个时候不能心太软，要坚持！当我把她抱到幼儿园大门口，老师几乎是从我的身上把她"揪"下来的，女儿像八爪鱼一样粘在我的身上。听着宝宝的哭声，我也忍不住流泪了！这样的日子持续了两个星期，其他的宝宝似乎都渐渐适应了，可是我家宝宝和我还是每天都上演着难舍难分的画面，这种痛苦到底要持续多久啊？

家长困惑

困惑一：宝宝没上幼儿园之前，在家里非常活泼，也特别爱向大人问问题。可是上了幼儿园之后，性格变得内向了，回家也不太爱说话，会不会是出现了什么心理问题呢？

困惑二：如果宝宝在班里是年龄比较小的，有小朋友欺负他怎么办？当大家一起活动时，宝宝跟不上大家的节奏怎么办？

专家解析

每年九月,对新生家长来说,是一个既充满好奇又夹杂着焦虑的月份。年幼的孩子从舒适、熟悉的家中来到幼儿园这个陌生的大环境,适应过程是很艰难的。这也是一个很大的挑战。入园后,部分孩子会有分离焦虑的情况,很多家长也会出现焦虑的问题。那么,家长该如何调整自己的心态,又该如何减轻孩子的入园焦虑呢?

“生命列车”的启示

一、什么是分离焦虑?

幼儿入园分离焦虑是幼儿进入幼儿园时,因为与主要抚养者的暂时性分离,加上环境、人员、活动方式、行为规则等发生了较大变化,而体验到的恐惧和不安。

二、出现分离焦虑的孩子会有哪些表现?

分离焦虑主要表现在以下两方面:

(1) 行为方面:粘着主要抚养者,不愿进幼儿园;大哭大闹、乱摔东西;不与任何人交流;让老师抱,不愿下地走路;过分依赖依恋物品等。

(2) 生理方面:频繁尿裤子、尿床;注意力分散,情绪低落,神情呆滞;拒绝进食,拒绝排便,拒绝午睡。

这些表现会加剧孩子内心的恐惧和不安,如果没有得到及时缓解,有可能会给宝宝今后生理、心理的健康发展造成影响。

三、幼儿入园分离焦虑有哪些不良影响?

1. 影响幼儿身体机能的发展

从出生到 3 岁,幼儿已经习惯了自由松散的家庭生活。让他们突然开始一段井然有序的集体生活,一些生活没有规律的幼儿会难以适应。当在一个陌生的环境生活时,适应能力差的幼儿就容易产生负面的生理、心理反应,如难以安静快速地入睡或睡眠质量下降、无法正常进餐等,而这又会使幼儿的免疫力下降。有些体质弱的孩子在入园初期,容易出现发热、咳嗽、呕吐、拉肚子等症状。因此长时间的分离焦虑,会影响新入园幼儿身体机能的发展。

2. 影响幼儿与同伴交往能力的发展

幼儿园时期是形成健康同伴关系的黄金期和关键期,为幼儿今后如何交朋友、如何维系友情积累宝贵的经验。早期友好的同伴互动会将幼儿社会行为和认知引向健康正确的方向。长期处于焦虑状态的幼儿很容易把自己孤立起来,他们更愿意独自玩耍，不愿意参与集体游戏。如果长期这样，他们的沟通能力和人际交往能力发展会受到阻碍，性格会变得孤僻、退缩。

3. 引发家长的焦虑

幼儿过度的分离焦虑会加剧家长焦虑，家长的焦虑情绪反过来又会间接地影响幼儿的情绪。家长焦虑主要表现为：心神不定，送园时与孩子依依不舍；心中牵挂，反复询问、叮嘱教师；心中内疚，对孩子过分迁就；等等。家长的这些焦虑情绪会不知不觉地感染孩子，加大孩子的适应困难，延长孩子的入园适应期。

行动指南

■ 智慧家长如何做？

其实，宝宝入园是他人生发展过程中的重要一关。宝宝能否顺利适应幼儿园生活，真正地融入幼儿园，对其今后社会化的发展和健全人格的塑造有着深远的影响。作为家长，我们要理解这种入园初期的焦虑是非常正常的。大部分宝宝都会在老师和家长的耐心引导下顺利度过这一关。

1. 要让宝宝做好基本生活技能、习惯、礼仪上的准备

宝宝如果在入园前就能够自己照顾自己，就会特别有成就感，自信心也会增强，在幼儿园的学习生活也会更加顺利愉悦。宝宝自理能力越强，入园分离焦虑持续时间就会越短。因此，家长应在入园前培养宝宝的生活自理能力，让孩子学会简单的生活技能，如教会孩子自己吃饭、自己穿衣，口渴或有大小便等需求时知道举手告诉家长等。家长还需提前了解幼儿园的一日常规时间安排，参照其安排有计划作息。另外还要加强对宝宝的礼仪教育，比如吃饭的时候不说话、不随意走动等。

2. 引导宝宝接纳幼儿园生活

家长要在入园前给宝宝讲一些关于幼儿园的事，告诉宝宝上幼儿园的好处。现在很多幼儿园为了让宝宝能更好地适应入园生活，还会安排宝宝和家长提前参观的活动。孩子看到幼儿园中的大型游乐设施，看到大量可供阅读的书籍，看到老师和小朋友们一起做游戏，就会对幼儿园产生向往，从而消除恐惧感。另外，家长应尽可能地建立积极的“亲师关系”，绝对不能当着孩子的面说幼儿园老师的坏话，更不能以“不听话就要送幼儿园”来吓唬孩子。

3. 平时与宝宝玩“同伴交往”的游戏

家长应让宝宝知道与小朋友交往时需要注意的事情：当与小朋友发生矛盾

时,不能够靠打架和哭泣解决问题,而应该及时向老师求助。家长还应学会放手,给宝宝创造与同伴共同游戏的机会,鼓励宝宝自觉参与同伴间的游戏。家长可以在家里通过“角色扮演”的方式教会宝宝与同伴交往的方法。

4. 入园后家长要及时和老师沟通

应主动通过老师了解自己孩子在幼儿园的表现。若发现宝宝有强烈的入园分离焦虑,家长要积极配合幼儿园老师的工作,和老师共同商量寻求解决办法。同时,家长也要跟宝宝多交流,这样才能更好地了解宝宝在幼儿园的情况,及时安抚宝宝或帮助宝宝解决面临的问题。

5. 多给宝宝一些鼓励

当宝宝感受到足够的爱和安全感,他才有走出去适应外界环境的动力和勇气。家长要多鼓励宝宝,还可以运用肢体语言,给宝宝一定的爱抚。一个拥抱、一个亲吻、一句温柔的话语往往都会使宝宝更快地稳定情绪。

自助训练

■ 活动一:角色扮演——幼儿园里的一天

活动目标:通过角色扮演,让宝宝了解幼儿园生活。

活动准备:绘本、洗手液、毛巾、水杯、餐具、简餐、牛奶、玩偶、手电筒、积木等。

活动场地:家庭。

活动过程:

(1) 先通过绘本,给宝宝讲述幼儿园一天的生活场景:入园、晨检、洗手、早餐、活动、加餐、户外活动、喝水、午睡、区域活动、等待离园。

(2) 分角色:家长扮演班主任老师、生活老师和校医,宝宝和家庭其他成员扮演幼儿园里的小朋友,也可以用家里的玩具或玩偶扮演其他小朋友。

(3) 按照入园活动顺序进行角色扮演活动,家长一定要耐心、细心。可以运用幽默的语言和夸张的表演,给宝宝创造轻松愉悦的环境。

(4) 亲子间讨论:问问孩子,你最喜欢幼儿园哪几项活动?一定要正面积极地去引导,让孩子说出喜欢这几项活动的理由,并加以强化。

(5) 亲子总结:角色扮演的游戏结束了,就代表着宝宝在幼儿园的一天生活结束了,开开心心地结束了一天的活动,宝宝要高高兴兴地等待爸爸妈妈来接他回家。

■ 活动二：请让我来安慰你

活动目标：通过情景体验，让宝宝模拟安慰玩偶的方式，把习得的方法迁移到自己的身上。

活动准备：两到三个玩偶，几把小椅子，一个单独的房间作为情景表演中的幼儿园。

活动场地：家庭。

活动过程：宝宝扮演幼儿园的老师，其他家人扮演送孩子上幼儿园的家长。家里的大人“领”着自己的“孩子”（实际上是玩偶）上幼儿园，然后模拟孩子哭闹不想进园的情景。这时，老师过来进行安慰。如果宝宝不知道如何安慰哭闹的“孩子”，家长可以陪同做引导性的支持。

专题 2　为什么宝宝在幼儿园容易生病

情景再现

我家宝宝适应幼儿园生活倒是挺顺利的，虽然入园的前两个星期也会哭，但是总体上还比较让人放心。可是半个月以后，儿子开始轻微拉肚子。我想着不严重，于是给儿子吃了点调理肠胃的药，并且坚持送儿子入园。没想到，宝宝拉肚子的症状越来越严重，幼儿园的老师建议我们让宝宝在家休息好后再送园。就这样儿子在家休息了一周的时间。没想到，后来我家宝宝只要一去幼儿园，就开始断断续续生病，然后只好又接回家。我现在真是束手无策了，不知道该怎么办才好。

家长困惑

困惑一：有人说，孩子刚上幼儿园的时候容易生病。家里老人平时怕宝宝冷，所以宝宝总是穿得里三层外三层。上幼儿园以后，孩子户外活动的时候总是满头大汗，这种多穿也不是、少穿也不是的状态怎么办？

困惑二：宝宝体质本来就不太好，一进入冬季就会咳嗽，而小班入园又是9月份，是不是可以先让宝宝在家请半年假，等春暖花开了再入园？

专家解析

■ 什么原因导致有些宝宝在幼儿园容易生病？

有些宝宝在刚上幼儿园的时候，会经历一段“恼人”的生病期。这段生病期，有长有短，甚至反复出现，因人而异。孩子在家好好的，怎么一上幼儿园就会生病？

第一，宝宝在入园前一般都是由父母甚至更多家人在家里精心照料，一些家庭的养育方式过于细致化，导致宝宝就像温室里的花朵那样娇贵。宝宝入园后，与社会的接触增多，进食的食物品种也更加繁杂，有的宝宝难免会出现不适应的情况。

第二，宝宝进入幼儿园后就要自己穿衣，自己吃饭，遵守集体生活规则、学会与同伴相处，要从生理和心理上经历一个适应的过程。这其中难免会产生着急、焦虑的情绪，这种心理上的焦虑也会影响其生理功能，致使免疫力下降，从而导致疾病的发生。

第三，宝宝生病其实也是自身的免疫能力提高的过程。只有通过与病毒的斗争，宝宝的体内才能产生更多的抗体。但是宝宝的免疫系统功能是逐步提高的，在幼儿园集体生活中，宝宝需要与其他小朋友进行交流和接触，这也容易造成一些常见的呼吸道疾病的交叉感染。所以，刚入园的宝宝容易生病，就不难理解了。

行动指南

■ 智慧家长如何做？

1. 反思自己的育儿观念和育儿方式

有些家长生怕自己的宝宝饿着或冻着，所以总把宝宝当作温室里的花朵，平时穿特别厚重的衣服或是给宝宝吃得过饱。俗话说“若要小儿安，三分饥和寒”，过饱和过暖的喂养方式会为身体的健康埋下隐患。因此，家长首先要改变自己的育儿观念和方式。孩子的适应能力和抵抗力强了，病毒才会绕道而走。

2. 增强宝宝的运动能力非常重要

合理的运动能够强健肌肉、保护骨骼，有利于提高呼吸系统功能，促进心肺和神经系统的发育。在运动中宝宝一般会处于比较放松的状态，这有利于宝宝情绪的调节。一般来讲，幼儿每天 2~3 小时的户外运动必不可少。

3. 要培养宝宝饭前便后洗手的习惯

很多细菌和病毒是因为孩子将玩具等物品或手放进口腔才侵入体内的。培养宝宝饭前、喝水前、便后、玩玩具后洗手的习惯是预防生病的重要手段之一。

4. 按时进行疫苗的接种

接种疫苗是有效地保护孩子免于大部分传染性疾病侵害的一个手段。疫苗是利用病原微生物及其代谢产物，经过人工减毒、灭活或基因工程等方法制成，用于预防传染病的自动免疫制剂。接种疫苗对于提升宝宝免疫力至关重要。

5. 如果孩子生病了就要在家休养，直至痊愈才能返园

宝宝生病最常见的症状是上呼吸道感染，表现为咳嗽、流鼻涕、发热等。有

些家长认为咳嗽或流鼻涕不影响孩子的正常活动,因此,在宝宝有上述症状时仍然坚持把孩子送到幼儿园。有的家长没有时间照顾孩子,甚至孩子前一天发热,第二天退热后就送到幼儿园。殊不知,这样会提高孩子之间交叉感染的概率。孩子生病期间,体内病毒细菌处于繁殖阶段,大量散播到空气中,在孩子们频繁的接触中得到传播。为了防止疾病的流行和传播,孩子发热后体温恢复正常 72 小时后方可返园。

孩子发热,一般家长就会很着急,急于给孩子降温,甚至要求输液退热。其实,从医学角度来说,适当的发热说明机体有较强的反应能力,可以增强肝脏的解毒功能,还可以调节体内的免疫功能。有的人免疫能力低下,生病也不发热,这未必是好事。所以,孩子发热,家长不必过于着急焦虑,不要滥用药物。

如果上面说的办法你都使用过了,孩子还是反复生病,那就要带到医院好好找原因,再对症下药。

爱生病的孩子多见以下一些情况:

1. 爱挑食尤其是不爱吃蔬菜

爱挑食的孩子饮食营养不均衡,容易造成贫血和一些维生素或微量元素的缺乏,引起反复的感冒。家长要注意培养孩子养成合理膳食的习惯。

2. 睡眠少睡眠质量差

睡眠充足是孩子发育良好的先决条件。有的孩子贪玩不爱睡觉,或者没有养成早睡早起的习惯,或者经常是玩得很累了才睡觉,久而久之,就会因睡眠不足、疲乏过度而引发生病。家长要调整孩子的作息时间,保证孩子有充足的睡眠时间。

3. 喝夜奶后不漱口刷牙

一些孩子从小就养成了喝夜奶的习惯,喝完后不漱口或不刷牙。殊不知,这样细菌就在隐蔽的咽喉部繁殖,很容易反复诱发孩子呼吸道感染。所以,孩子吃完东西或喝完奶后,一定要养成漱口刷牙的好习惯。

4. 离园后经常加餐

有的父母尤其是祖辈总担心孩子在幼儿园里吃不饱,放学回来后,不管孩子是否需要,还要求幼儿和家长一起再吃一顿,甚至还给孩子吃很多不易消化的肉食或油炸类食品。这样的饮食很容易引起消化不良或者积食,造成孩子夜间睡眠质量差,第二天的精力和食欲都会受到影响。久而久之,孩子就会很容易生病。

5. 有过敏体质

过敏体质的幼儿感冒咳嗽的发病概率比其他幼儿大。这类幼儿生病原因不一定是感染,有可能是接触到容易引起过敏的物质或吃了海鲜等容易引起过敏的食物。像这样过敏体质的幼儿,家长最好带孩子去医院查一下过敏原,尽量避免接触过敏原，注意预防因过敏引起的病症。

自助训练

■ 活动一：每天一项运动，健康你我他

活动目标：通过制订并实施每周运动计划，培养幼儿的运动习惯，增强幼儿的运动能力，从而提高其身体素质水平。

活动准备：沙包、足球、粉笔等道具。

活动场地：家庭、操场。

参与成员：两位家长、幼儿。

活动过程：如下表所示，制订每日运动计划并坚持开展每日亲子运动。

日期	运动项目	运动道具	运动时长	运动规则	完成情况
周一	扔沙包	沙包	30分钟		☆☆☆☆☆
周二					☆☆☆☆☆
周三					☆☆☆☆☆
周四					☆☆☆☆☆
周五					☆☆☆☆☆
周六					☆☆☆☆☆
周日					☆☆☆☆☆

扔沙包游戏：

(1) 游戏简介。① 规则——两位家长站在一条直线上，距离约3米，幼儿站中间。其中一位家长拿沙包扔向幼儿，幼儿躲避。若幼儿被扔中要扣一分；若幼儿成功接到沙包则加一分；若幼儿躲避成功，没有被扔中也没有接到沙包，则不扣分也不加分。每人起始分为5分。当中间人的分数变为0分时，三人要变换角色，中间人去丢沙包，另一人来中间接沙包，以此类推。3人都体验过接沙包的角色后，方可重新进行下一轮游戏。② 游戏目的——此活动锻炼幼儿的反应能力和手眼协调能力，有一定的运动量，但也不会太累。

(2) 一轮游戏结束后亲子讨论：如何能更精准地扔中中间人？中间人如何巧妙躲避沙包？如何能更精准地接到沙包？

(3) 每日运动后，幼儿可根据自己的体验，用彩笔涂星星的方式对当日运动打分。

■ 活动二:小推车

活动目标:锻炼宝宝手臂肌肉和肩部肌肉的力量,使宝宝身体更强壮。

活动过程:让宝宝俯卧在地毯的一端,家长用手握住并托起宝宝的两条大腿,让宝宝两手撑地,接着轻轻地向前推动宝宝,使宝宝用手爬行向前移动,就像小推车一样从起点到终点。可以在终点设置一些小任务,如把乒乓球从一个盒子转移到另一个盒子里,然后再原路返回。宝宝可以休息一会儿,再重复以上步骤。可根据宝宝的身体状况,适当增减游戏的次数。

专题3　宝宝不爱去幼儿园怎么办

情景再现

蒙蒙跟幼儿园的其他小朋友相比，个子显得小一些，性格也比较内向，遇事儿特别爱哭。从小班到中班，几乎每天都能看到蒙蒙哭鼻子。在小班的时候，大多数小朋友入园两个月后几乎都适应了幼儿园生活，很少有孩子还会因为进园哭闹。而蒙蒙几乎每天早上都会哭闹不止，不肯进园。时间久了，班里的小朋友都会跑过来劝她不要再哭了。到了中班的时候，早上进园情况稍稍好一些，但是蒙蒙仍然特别不想进幼儿园，并且要求妈妈午饭后就接她回家。

家长困惑

困惑一：我家宝宝也存在进园困难的问题。最初入园适应的阶段他就比别的小朋友适应得慢。小班的半年生活，也算是磕磕绊绊地过来了。但是，过了一个寒假，马上又要开始幼儿园生活了，宝宝又开始焦虑起来，这几天老是问我，离开学还有几天了，能不能跟老师请个假？这还没开学呢就要请假，为什么在幼儿园生活都半年了还不适应啊？

困惑二：我家宝宝不爱去幼儿园不是因为别的原因，而是因为挑食。姥姥带我家宝宝的时间比较多，老人给孩子做饭太精细了，说是怕噎着，每次都把菜剁得碎碎的。这导致我家宝宝到幼儿园之后吃饭特别费劲，也特别慢。每次他都是班里最后一个吃完的,久而久之,就不爱去幼儿园了。

专家解析

一、“入园困难”有什么表现?

入园适应良好的宝宝,很容易接受老师、和新伙伴亲近,很愿意和其他小朋友一起玩游戏,愿意参加集体活动,能够在很短的时间内学会照顾自己(自己穿衣、吃饭、大小便、自主入睡等),能在较短时间内习惯并遵守集体生活的初步规范,能常处于平静、轻松、愉快的情绪状态,喜欢上幼儿园。

入园适应困难的宝宝则主要表现为抵触、回避和拒绝与老师、同伴亲近,很难与同伴一起游戏,难以习惯或遵守集体生活的基本规则,不会或不愿自己独立完成基本的生活活动,很容易出现紧张、焦虑、不安、过分沮丧的情绪,一点小事就会引发其哭闹,入园后与家人分离时大哭大闹,且对入园抵触情绪强烈。长此以往,入园适应困难的宝宝就有可能变得越来越孤僻,难以融入集体生活,依赖性会越来越强,社交能力发展也会相对滞后。

二、宝宝为什么不爱去幼儿园?

每个孩子的适应能力都是不一样的,有的孩子进了幼儿园如鱼得水,甚至特别喜欢幼儿园的生活,有的要哭一个星期,有的要哭一个月,有的甚至一个学期甚至一两年还不太适应。家长不在身边,有些孩子很容易缺乏安全感,同时会产生孤独感,把幼儿园和家里相比,又会产生落差感。在这些因素的共同作用下,在这些孩子看来入园似乎成了一种“惩罚”,家长送孩子入园似乎是一种“抛弃”。因为孤独、无助、可怜,只能用哭来发泄,因此每到入园的时刻,孩子便会撕心裂肺地哭,家长心疼万分却又束手无策。家长该如何帮助孩子解决入园困难、让孩子不再恐惧去幼儿园呢?

行动指南

■ 智慧家长如何做?

1. 消除孩子入园前的陌生感和恐惧感

孩子的入园恐惧很大一部分原因来自对幼儿园生活的未知,对老师、环境、小朋友的未知使得孩子感到陌生,从而惶恐不安。出于自我保护的心理和对安全感的需求,他们本能地更想待在熟悉的家中,看着熟悉的父母,在熟悉的环境中做着自己熟悉的事情。

为了使孩子不再恐惧上幼儿园，首先需要消除他们对幼儿园的陌生感。家长需要提前告诉宝宝幼儿园是什么样的地方——在幼儿园会做什么事情、有什么好吃的好玩的、会有小朋友陪同一起玩耍等。让孩子感觉幼儿园中发生的事情是在他意料之中的，是他熟悉的事物，这样才能给孩子安全感，减轻他们对幼儿园的恐惧。

2. 给孩子讲清楚为什么要去幼儿园

上幼儿园是宝宝离开父母、学会独立的第一步，也是孩子求学之路的开端。去上幼儿园本质上也是孩子对自己的一种责任。家长需要告诉孩子他为什么要上幼儿园。让孩子意识到去上幼儿园是对自己独立能力的锻炼，能锻炼自己和小伙伴友好相处的能力，是自己人生一个重要的里程碑，是必须经历的一个过程。要让孩子意识到一时的逃避不能解决问题。一旦孩子接受这是一件一定要做的事情，就会减轻对幼儿园的抵触情绪。此时再加以积极地引导，慢慢就能使孩子克服入园恐惧。一旦孩子意识到这是自己的责任，还会从上幼儿园的过程中收获成就感。

3. 与住得近的同班小伙伴平时多在一起互动

平时多让孩子和幼儿园的同伴一起玩耍，与同伴结下友谊，入园时结伴而行，可以消除孩子的孤独感。尤其是慢热内向型的孩子，通过与居住同一社区宝宝间的互动，使宝宝交到朋友，这种熟悉的感觉会增加宝宝的安全感。

4. 关注接送方式，轻松送、准时接

当家长把宝宝送到幼儿园转身离开的时候，会使宝宝心理上产生一种被抛弃的孤独感，宝宝会通过号哭的方法来吸引家长的注意力。因此，家长要注意接送方式对宝宝产生的影响。送的时候要和宝宝好好道别，千万别一交给老师就溜之大吉。离开的时候可以试着和宝宝轻松地告别。同时为了消除宝宝的不安感，告诉他爸爸妈妈来接他的具体时间，让他知道家人没有抛弃他。此外，家长要用宝宝能理解的方式来表达，比如：你在这里吃完三次饭、等到太阳落山的时候、和小朋友们做完四次游戏，妈妈就来接你了。

在接孩子的时候尽量按时接，如果家长经常迟到甚至最后一个来接，宝宝看着小朋友一个个被接走，自己还没有人接，会产生恐惧，第二天更不想入园。

5. 多与宝宝做积极正向沟通

宝宝进入新环境总有不顺心的地方，但是开心的事也很多。父母不要一见到孩子就问“有没有人欺负你”“有没有挨骂”这种话，这样会让宝宝感染负面情绪，父母可以试着以“今天在幼儿园有没有交到新朋友啊，玩得开不开心”作为话题去了解孩子在园里的情况。在和孩子沟通的过程中多传递一些正向信息，逐渐感染孩子，比如“幼儿园老师教的舞蹈真好看”“幼儿园的环境真美”。让

孩子逐渐喜欢上幼儿园。

6. 避免新鲜感过后的分离焦虑

宝宝的好奇心很强,在幼儿园看到很多家里没有的东西,便会产生兴趣。去幼儿园的前几天很高兴,不哭不闹,也不嚷着叫爸爸妈妈来接,但是过了几天,当他熟悉了幼儿园的生活环境,知道自己要每天重复这种生活时,就会厌烦,并用大哭表示自己的不满。如果宝宝对幼儿园生活没兴趣了,想回家和爸爸妈妈在一起时,家长可以在最初一段时间,让孩子带一件自己喜欢的玩具(如手绢、小公仔、小汽车)到幼儿园,起到间接情感寄托的作用。同时家长要开始引导孩子关注幼儿园里变化的事物,比如新学习的舞蹈、新学习的儿歌、新交的朋友。让孩子把注意力集中到这些每天都不同的事物上,孩子才不会觉得每天都是重复的,保证孩子在新鲜感过后仍然愿意开开心心地去幼儿园。宝宝入园后的生活是长期的,需要家长持续的关注和引导,父母坚持送孩子去幼儿园并积极鼓励,宝宝很快就会适应新的环境,并且爱上幼儿园。

自助训练

■ 活动一:我上幼儿园啦

活动目标:通过模拟游戏,帮助宝宝提升适应陌生环境的能力,从而能很快融入其他群体。

活动准备:若干幼儿园常见玩具、绘本等。

活动过程:

(1) 角色分工。父母或家庭其他成员分工,有的扮演幼儿园老师,有的扮演幼儿园的小朋友等。

(2) 模拟去幼儿园路上的场景。家长领着宝宝,路上可以聊一些入园后的话题,引导宝宝的积极思维和语言。

(3) 模拟进入幼儿园与宝宝告别的场景。

(4) 模拟入园后一天的活动。这个环节让宝宝更多地体验幼儿园有意思的活动。家长在扮演其他小朋友时,注意安排一些常见的幼儿园一日活动,比如洗手、吃饭、游戏、午睡、自己穿衣服等,在这一环节里观察宝宝在哪些方面存在不适应或能力方面有欠缺,及时帮助宝宝提高相应的能力。

(5) 放学回家。这个环节注意要多给宝宝鼓励,多安排一些引导宝宝积极思维的话题,如“今天幼儿园里有哪些开心的事情啊”“今天哪个小朋友跟你玩了”“今天宝宝吃了什么”等。

■ 活动二：你是我的新朋友

活动目标：教会宝宝如何与陌生的同伴快速建立友谊，如何与小朋友交往。

活动准备：家长扮演幼儿园里的新朋友，和宝宝进行交流和对话。

活动过程：

(1) 先让宝宝主动与“陌生的小伙伴”搭讪，观察宝宝与他人交流时的方式方法，家长尽量不做负面的评价，以防打击宝宝的自信心。

(2) 由家长扮演幼儿园里的新伙伴，主动与宝宝打招呼。家长可以问一些问题，如“你叫什么名字啊”“你喜欢吃什么呀”“我们做好朋友行吗”“我还不会系扣子（或鞋带），你能帮帮我吗”等。

小结：通过这样的训练，家长不但可以让宝宝掌握与别人交往的技巧，还可以使宝宝通过帮助他人获得更多友谊。

专题4　宝宝挑食怎么办

情景再现

我家宝宝三岁半了。这几天，幼儿园老师经常反映我家宝宝在园里不好好吃饭，只喜欢吃肉，不喜欢吃蔬菜。唉，这个问题一直困扰着我。宝宝自从加辅食开始，就是姥姥负责宝宝吃饭，姥姥总是给孩子做肉糜，而且喜欢加一些调料，每次宝宝都会吃很多。与小区同龄孩子相比，我家宝宝长得更高更壮，姥姥以此为荣，说："我小的时候没吃多少肉，现在要给外孙补营养。"每次宝宝从幼儿园回到家里，姥姥都要给他喂一小碗肉。

家长困惑

困惑一：我家宝宝大部分食物都能吃，但会有几样不吃的东西，如芹菜、萝卜、豆腐等。宝宝这样没什么大问题吧？

困惑二：我家的宝宝特别喜欢吃甜食，那些高糖的、带奶油的点心是孩子的最爱，我也发愁啊，也怕养出个小胖子！

困惑三：我家宝宝更让人担心啊，他什么都不太喜欢吃，每次都是家里的老人端着碗到处追着喂啊！

专家解析

一、正确区分挑食、厌食和积食

挑食，就是某一种食物他吃，另一种食物他不吃。挑食绝大多数不是病理性的。厌食，就是宝宝对食物完全没有兴趣，食欲差。厌食的形成与宝宝的饮食习惯及病理因素都有关系，但大多是饮食习惯不良造成的，比如宝宝大量地摄入蛋白质含量高的食物，而别的食物吃得很少，影响了胃肠的正常消化，很容易导致厌食。积食，是中医所指的一种消化问题，原因是宝宝某种食物吃得很多，不消化，积累在胃肠道，可表现为腹胀、大便酸臭、口臭等。这三者之间既不一样，也相互关联，都与没有很好地建立饮食习惯或没有挑选好食物有关，容易导致营养不均衡。

二、孩子为什么会挑食?

宝宝挑食和偏食的问题，困扰着很多家长。有些宝宝强烈偏爱某些食物，不愿尝试新食物；或吃得少且慢，对食物不感兴趣。孩子一旦形成挑食的习惯，长大后就很难改过来了。其实，挑食和偏食不仅仅存在于孩子中，很多成年人也有明显的挑食和偏食问题。

那么宝宝挑食的原因有哪些呢?

1. 有可能是零食惹的祸

有的家长看到孩子正餐吃得不多，就放任他吃零食，如蛋糕、饼干、糖果，想着把没吃的饭给补回来。这样只会影响孩子下一顿正餐的进食，造成恶性循环，孩子想不挑食都难。

2. 孩子对某一种新食材表现出不喜欢后，马上妥协

孩子对新食物可能会产生一种恐惧，有的时候可能要多试吃几次才会接受。但是有的家长一旦发现孩子表现出不喜欢这种食物后，就立刻下结论，认为孩子吃不了这种食物，甚至还会给孩子一种暗示——原来这种食物你也不喜欢啊!

3. 宝宝挑食与父母有直接的关系

父母的言行举止或者饮食习惯也会对宝宝产生很重要的影响。一般来说，如果父母偏食，大多数情况下，宝宝也会有偏食的习惯。想让孩子不挑食，首先作为家长的你一定要做个不挑食不偏食的好榜样，以身作则，均衡摄入营养。

三、宝宝挑食或偏食会引发什么问题?

1. 缺维生素A

不吃全脂乳品、豆类、动物肝脏等食物者,会因维生素A的缺乏而影响视力,严重时还会引起角膜浑浊、软化、溃疡、穿孔,甚至失明。

2. 缺维生素B

不吃谷类、肉类、动物肝脏等食物,会因维生素B缺乏,导致皮肤粗糙、无光泽,口腔溃疡,引起毛囊丘疹、脂溢性皮炎等皮肤病。

3. 缺维生素C

不吃新鲜蔬菜及水果,可能导致维生素C缺乏症(坏血病)。轻者牙龈出血,重者可致骨膜下、关节腔内及肌肉内出血。

4. 缺维生素D

不吃鱼、虾、蛋黄、香菇等食物,会引起维生素D缺乏,如不及时补充、治疗,轻者可致婴幼儿多汗、夜啼;重者可致抽风,并引起骨骼畸形,如鸡胸、X形腿等。

5. 糖类、脂肪摄入过多

糖类、脂肪摄入过多会导致肥胖。食用过量含有酪氨酸、水杨酸盐、人工色素或被铅污染的食物,可诱发以任性、好动、多话、注意力难集中等为特点的儿童多动症。营养失衡还可导致内分泌失调,使激素作用发生变化,对宝宝情绪和性格产生不良影响,让宝宝出现易激动、多躁动、好哭闹、易沮丧等不稳定情绪。

行动指南

■ 智慧家长如何做?

有人说挑食会遗传,孩子出生在谁家,就会随了谁家的口味,改也改不了,不如就顺其自然,想吃什么就吃什么吧!其实不然。口味还是后天养成的,出生时都是淡的,几个月后才会慢慢有味觉,所以家庭环境影响是最主要的原因。有些家庭家长不挑食,但是孩子却很挑食或厌食,这又该怎么办呢?

1. 让宝宝参与制作食物的过程

宝宝也许不喜欢吃蔬菜,但他们却可能对烹饪充满热情。宝宝通常更加愿意品尝那些由他们亲手采摘或烹饪的蔬菜。如果宝宝参与了采购食材、清洗蔬果、准备面团、清洗餐具等这些活动,那么孩子进食的积极性就会大大提高。也可以鼓励宝宝帮忙摆桌椅、端菜碟、分碗筷,面对自己参与劳动所得的成果,孩子自然会胃口大开。

2. 尽量少给或不给零食

零食的范围很广，种类及品种也非常多。几乎所有的孩子都爱吃零食，提供零食也是成人哄孩子的重要手段。孩子胃的容量有限，零食吃多了，尤其在饭前吃零食，特别是吃甜食，必然影响孩子的食欲和进食量。由于吃零食影响了孩子对正餐的食欲，必然会影响其对所需营养素的全面摄取。在幼儿园，一般会在两个正餐之间安排两顿加餐，称为小餐。这种加餐会安排像水果、酸奶、面包片这样的食物。对于零食，当然不是说绝对不能吃，可以少吃，不要作为主要食物来提供。另外应尽量少给宝宝吃含糖类的食物、油炸食物。如果孩子因为饭菜不合胃口而不吃，父母可以把饭菜拿走，不要强迫孩子继续吃，让他等下一餐，并明确告知孩子，两餐之间不会给零食，让他明白只有好好吃饭才能填饱肚子。这个时候，家长的态度要坚决。

3. 固定时间、固定地点就餐

营造良好的就餐氛围，在固定的时间就餐，会让孩子逐渐形成就餐条件反射，到那个时间就会分泌胃液，有利于食物更好地消化。而且在吃饭时，要让孩子坐在自己的小椅子上，只有吃饱后才可以离开。有些爸爸妈妈在就餐时会让孩子一边看电视一边吃饭，这是非常不可取的！要改掉孩子用餐时看电视的习惯。开餐前爸爸妈妈也要放下手中的事，聚在饭桌前，表现出很期待用餐的样子。这样，孩子的注意力才会被吸引到餐桌上。另外，有些孩子吃饭吃到一半就坐不住了，离开座位到处乱跑。这时爸爸妈妈如果追着喂，会对孩子的消化吸收非常不利，所以当孩子不好好吃饭时，不妨饿他一顿，这也有助于让他下一餐好好吃东西。

4. 慢慢调整孩子不喜欢的食物和喜欢的食物比例

在孩子喜欢的食物中先尝试添加少许他不喜欢的食物，直到孩子接受以后，再逐渐增加不喜欢的食物的比例，使不喜欢的食物变为喜欢的食物。比如，孩子不吃蔬菜，可是爱吃饺子，就可以把蔬菜包进饺子里；爱喝汤，那就煮进汤里。不爱吃水果，可是爱喝酸奶，可以把水果和酸奶拌在一起做成沙拉。开始时，孩子不爱吃的食物可以放得少一点，然后逐渐增加。

5. 家长以身作则不挑食

有很多家长自己挑食，比如不吃青菜、萝卜等，因此，一来家长成了“榜样”，二来这些菜在家里的餐桌上很少出现，孩子在潜移默化中也挑食了。所以家长要以身作则，至少尽量不在孩子面前表现出挑食，以免造成不当诱导。

自助训练

长期挑食、偏食的宝宝会出现营养不均衡，从而导致孩子的生长发育出现问题。对于宝宝挑食和偏食的问题，爸爸妈妈一定要有耐心，找到宝宝不好好吃饭的原因，就可以进行有针对性的干预，让宝宝吃得有营养、健康成长。下面列举一些帮助宝宝纠正挑食和偏食的一些活动，爸爸妈妈可以试一试。

■ 活动一：给宝宝讲关于食物的故事

饮食文化在每个国家都可谓源远流长，而异国的饮食文化对于孩子来说往往是新奇的。我们可以去了解世界各地的食物和食谱，去了解不同文化的孩子吃什么，带着孩子观看和种植、烹饪相关的视频，谈论食物是怎么来的，并且讨论和食物相关的各个职业，例如农民、厨师等。这样，可以加强孩子对于食物的兴趣。

■ 活动二：通过游戏增加宝宝吃饭的乐趣

孩子们都喜欢做游戏。和孩子玩一些和食物相关的游戏，孩子会更乐意吃。例如吃饼的时候，可以鼓励孩子把饼吃成小山、小船、月亮的形状；或者假装食物是一个恐龙，咬掉恐龙的脑袋、尾巴等。家长们发挥自己的想象力和创造力吧，让吃饭成为一件好玩的事。

■ 活动三：认识蔬菜并给做好的菜肴起名字

可以带着孩子去菜场一起买菜，同时教他认识不同品种的蔬菜。做好饭菜以后，可以根据食材的颜色、形状、大小、软硬等特征，和孩子一起给菜肴起一个富有创意的名字。这样也能引起孩子的食欲哦！

■ 活动四：按菜肴的颜色进行分类的游戏

把颜色鲜艳的蔬菜水果，例如红色的圣女果、紫色的葡萄以及五颜六色的彩椒，切成小块，请孩子大声说出它们的颜色，并且用颜色来进行分类。让孩子从另一个角度来接受这些食物。

■ 活动五：把宝宝的饭菜做得有形有色有味道

形：孩子对形状都比较敏感，如果能够把面点做成各种各样的形状，孩子就会爱不释手了。许多粗粮或水果，经过加工，做成各种几何图形、各种动物的形状，孩子们都很喜欢，也会大大增加食欲。

色：把食物做得有色彩，会促进宝宝的食欲。比如可以利用天然蔬菜汁的颜色，做彩色的饺子。也可以将彩椒的红色、青菜的绿色和豆腐的白色巧妙地搭配在一起，很能吸引孩子的目光。又如在小馒头表面撒一些菜、肉末或果泥，孩子也会对食物产生兴趣。

味：一盘香喷喷的菜自然就会把孩子吸引过来。比如在菜出锅前，淋上一点点香油，或是在汤里放一点虾皮，也可以起到提鲜的效果。

专题 5　宝宝说谎怎么办

情景再现

要不是邻居张奶奶提醒我，我都没有注意到，我家小宝居然开始说谎了！事情是这样的——周末的时候天气很好，姥姥带妮妮下楼玩，妮妮和小区的小朋友们煞有介事地说，我们家养了三只恐龙，一只黑色，一只黄色，还有一只是绿色的，而且这些恐龙都有名字。邻居张奶奶刚好也在小区带孩子，听到妮妮这番话，就忍不住说："妮妮可不能说谎啊，恐龙早都灭绝了，你家里怎么会有？"妮妮姥姥赶忙说，小孩子的话不要当真啊！而且姥姥也没当回事，回来也没跟我说。今天，邻居张奶奶特意来提醒了，说小孩子从小就要养成诚实的习惯，否则以后就爱说瞎话了。

家长困惑

困惑一：说到孩子说谎，我也有同样的困惑，比如宝宝在柜子上拿东西，不小心打碎了旁边的花瓶，但是他死活不承认，说不是自己打碎的。大人耐心地讲了一堆道理，告诉宝宝做错了事要勇敢地承认，可是他还会坚持说不是自己打碎的。我们特别不能理解，大人又没有责怪他的意思，他为什么要说谎啊？

困惑二：周围很多人都有这种共识，就是孩子在成长过程中，都不同程度地出现过说谎的问题，我们该怎样面对孩子说谎这种现象呢？

专家解析

一、区分不同性质的说谎

据专业研究机构研究表明，2 岁时 20%~25% 的孩子会说谎，3 岁时 50% 的孩子会说谎，4 岁时 90% 的孩子会说谎，7 岁时几乎所有的孩子会说谎。

说谎其实是大脑的高级功能，是孩子认知能力发展的表现，可以说是孩子成长的里程碑。撒谎的孩子，跟不撒谎的同龄人相比，有更加突出的认知表现。孩子第一次撒谎，跟长出第一颗乳牙和第一次学会走路一样。并且，儿童随着年龄增长，不仅越来越爱说谎，说谎水平也越来越高，因为如果要把谎言说得更好，那就需要更复杂的心理能力。孩子说谎行为的出现，动机和种类很多，不能一概而论，应该依据具体情况分析处理。

谎言也是有不同的性质的，一种是无意识说谎，一种是有意说谎。一般来讲，2—4 岁的孩子已经可以“撒谎”了，比如他指着漫画书里的画说是自己画的，或者跟幼儿园的小朋友说自己家里有 3 台电视，或者说自己家里养着很多漂亮的金鱼，有金色、橙色、白色的，还有黑色的……这些天马行空的、像是说大话一样的“谎言”可不是成人世界的谎言。

这是因为处于低龄的孩子无法分清想象与现实，想法也很单纯，他们往往会即兴、随意地把自己听到的故事、看到的事物经过自己的想象进行加工，套用到现实的人或事上去，出现没有逻辑、不真实的“撒谎”。这种撒谎没有明确的目的性，而且带有非常明显的幻想痕迹。

对孩子这些以想象为前提的“说谎”，家长不必着急，可配合宝宝完成这种想象的过程。但当孩子过长时间地沉浸于这种想象式说谎，超出了该年龄段的合理限度时，为避免对孩子未来的人格成长带来负面影响，家长就要通过提醒来合理引导孩子学会区分想象与现实。

孩子的认知能力发展是螺旋上升的，随着年龄的增长，有些孩子从说谎中得到益处，开始采用说谎的方法来达到目的，这就变成了有意说谎。有意说谎是一种欺骗，家长要关注并及时处理。

二、孩子有意说谎的原因

孩子有意说谎的主要原因有三种：

1. 害怕打骂而说谎

假设孩子一个人在家里把父母比较贵重的瓷器打碎了，那么他在内心就会感受到一种压迫,担心受罚,从而产生恐惧心理,诱发其说谎。这种说谎是一种逃避惩罚、推卸责任的说谎。

2. 家长要求太高,管教过严会导致孩子爱撒谎

哲学家罗素说过,孩子不诚实几乎总是恐惧的结果。如果家长管教过严,就会让孩子产生这种恐惧,因而养成说谎的习惯。

3. 为了得到关爱而说谎

比如宝宝为了让妈妈多抱抱,说自己脚疼,或者在幼儿园看到老师照顾生病的小朋友,说自己也生病了,以此获得家长和老师的关注。其实,这种现象在一些老年人身上也会发生,如果儿女长时间不在身边,老人对亲情的渴望可能也会驱使他说谎,比如说自己不舒服,已经住进医院了等。这种情况就需要我们好好思考,是不是平时对亲人的情感需求关注太少了。

行动指南

■ 智慧家长如何做?

说谎并不是一件坏事,而是孩子自我独立思考的一种体现,我们父母需要做的就是不要一味地批评或是放纵孩子。父母要让孩子知道,即使他说了谎,你还是爱他的,但说谎是一件让爸爸妈妈不喜欢的事情。

如果孩子是有意说谎,这种情况还是应该引起家长高度重视。但是我们不要把关注点放在孩子说谎的具体事件上,而是应该把关注点放在了解孩子说谎背后更深层的心理需求上。一般来讲,孩子说谎是因为他们内心的不安全感,甚至是因为恐惧。

1. 创造民主、愉悦的生长环境

家庭是孩子成长的第一环境。在一个良好、民主的家庭氛围下,孩子不会一做错事就产生害怕的恐惧心理。即使孩子说谎了,家长也要信任孩子,尊重孩子,给孩子一个替自己辩解的机会。尤其注意不要在外人面前直接揭穿孩子说谎的行为,给孩子留点面子,否则孩子下次可能会想方设法把谎话说得更圆满。

2. 正面引导,对孩子的诚实行为及时给予鼓励

有意识地发现孩子的诚实行为,并及时给予赞扬和鼓励,让他慢慢体会到诚实比说谎更受欢迎。让孩子感到说谎之后的损失,从而对说谎失去兴趣。同时家长应当认真分析孩子说谎行为背后的真正原因,帮助他应对挫折,引导他们的行为逐步向社会所期望的有益的方向发展。

3. 加强家园联系,形成教育合力

家长和教师之间要密切配合,及时了解幼儿在家、在园的情况。只要家长、

教师对儿童的说谎行为能认真地分析原因，正确对待，就能避免儿童形成说谎习惯。

4. 不要轻易将孩子的说谎行为与孩子品质画等号

不能因为孩子的某一次谎言就给孩子定性，给孩子贴上“小骗子”“谎话专家”等标签。这样轻易定性不但对孩子改掉说谎的毛病没有任何帮助，反而对孩子的说谎行为起到了强化作用。让孩子认识到“诚实是美德，是高尚的品质，同时诚实也会减轻对过失的惩罚程度”，才是正确的做法。

5. 父母和家庭成员之间也要讲诚信

父母和教师是孩子心目中的偶像，又是和他们接触最多、影响最大，也是最受尊敬和信赖的“权威人物”。家长的说谎行为，常是造成孩子说谎的直接原因。因此在日常生活中，我们大人一定要注意生活中的细节，树立不说谎的形象。

自助训练

孩子说谎的原因有多种，有的是因为自己做了错事但又害怕受到惩罚，有的是因为想通过说谎来让家长满足自己的某种愿望，有的是因为错误模仿大人的行为而说谎，有的是因为不愿意做自己不喜欢做的事情而说谎，有的则是因为要故意刺激报复家长而说谎。甚至在孩子小的时候，是因为分不清想象和现实而出现所谓的“说谎”。父母要根据不同情况采取不同的教育措施。

■ 措施一：帮助孩子区分想象和现实

年纪小的孩子，特别是想象力、创造力丰富的孩子更易出现想象型说谎。父母在日常生活中要注意告诉孩子什么是已发生的，什么是想象的，让孩子逐渐把现实和想象区分开来，并告诉孩子如何表达自己的想象，如“我想……”“我希望……”。当孩子无意地说谎给别人带来伤害时，一定要让孩子了解和认识自己这种行为产生的严重后果。

■ 措施二：满足孩子合理的要求和愿望

孩子发现有些愿望如果真实地表达出来，可能得不到家长的支持，因而想通过说谎来实现。所以，可以适时地给孩子添置东西，比如玩具、图书、彩笔甚至是健康零食等。让孩子意识到，只要是合理的，又是家庭力所能及的要求，是会得到满足的。这样可避免孩子因需要不能满足而说谎的情况。

■ 措施三:发现孩子说谎时要给孩子改正的机会

发现孩子说谎时,父母先要压住自己的怒火,不要在气头上教育孩子。这时应当想想孩子为什么撒谎,也不要当众揭穿他、批评他,可以把他悄悄地叫到一边,单独跟他谈话。首先指出他说谎了,大人已经知道了实情;其次告诉他这次给他一次改正的机会,不当众揭穿批评,也不会告诉别人;再次阐明说谎和欺骗的危害性,同时警告他下不为例;最后,表达信任,相信他今后一定能做得很好。

■ 措施四:大人首先要做个诚实的人

家长要认真履行对孩子或他人的承诺,犯错后要及时承认错误,并认真改正,这样才能成为孩子的榜样。首先,尊重和孩子之间的约定,家长在向孩子许诺之前一定要三思,答应孩子的事情就一定要做到,不要随便欺骗孩子。其次是不要当着孩子的面对别人说谎。即使有时因为社交需要而不得不说一些善意的谎言,也要尽量避开孩子,如果实在无法避开,事后应当向孩子解释清楚。最后是不要让孩子帮自己说谎。

比如孩子生病了害怕吃药,这时家长就会想方设法地让孩子吃药,有的妈妈就说:“好好吃药,吃了药身体好得快,等你身体好了妈妈就带你去动物园。”可是孩子病好了之后妈妈却把对孩子的承诺丢到了九霄云外,忘得一干二净。当孩子问妈妈为什么说话不算数时,妈妈却若无其事地对孩子说:“那是妈妈哄你的。”像这样的行为,一定要改正。

专题6 宝宝注意力不集中怎么办

情景再现

我发现我家宝宝的注意力不够集中。比如在家里看绘本，看几页就跑了，玩别的玩具去了，而且玩玩具也坚持不了太长时间，一会儿拿起这个玩，一会儿又去打开其他的玩具。我给孩子讲故事，他也是听一会儿就打断我，无法听一个完整故事。我观察了一下，我家宝宝的注意力确实不如别家孩子，我担心孩子上学后学习状态会不会很差啊。

家长困惑

困惑一：幼儿园老师说我家孩子注意力不集中，做小动作，老师讲课时，他会自己弄个小纸片玩一节课。上课玩故事接龙，轮到他时他也不知道前面的小朋友都讲了什么，他也经常无法顺利完成阅读绘本的任务。可是，据我观察，我家宝宝如果玩手机或是看动画片一两个小时都不动，目不转睛地看着屏幕，叫他都不搭理。这种情况下，怎么判断孩子的注意力好坏啊？

困惑二：我家宝宝上了幼儿园以后，在班里比别的小朋友动作多、坐不住，不能集中注意力听清老师的口令，做什么事情都磨蹭拖拉，做什么都不能持久等。我们特别担心，是不是孩子的注意力有问题？那么孩子的注意力好与不好的标准是什么？如何提高孩子的注意力水平呢？

专家解析

家长们都知道，培养宝宝的注意力是非常重要的事，因为它是宝宝将来学习的重要基础。但是，我们很多家长可能会觉得，自己的宝宝注意力不集中，总是无法专注地做完一件事。

影响注意力的四点客观因素

一、孩子注意力的发展规律

一般来讲，3—4 岁孩子注意力可以持续 5 分钟左右，4—5 岁孩子注意力能维持 10 分钟左右，5—6 岁孩子注意力可以持续 15 分钟左右。即使到了小学低年级，孩子注意力的集中度和稳定性也处于比较低的水平。让低龄儿童长时间很专注地做一件事不是那么简单的。所以，我们说孩子的注意力好或不好，首先要看他的注意力水平是不是与他的年龄特点相吻合。我们不能要求一个小班的孩子静静地坐上半小时，家长的要求应符合儿童身心发展规律。

另外，我们也要考虑孩子的个体差异，有些孩子在某方面的发育会早于或晚于同龄的孩子，这都是正常的。

二、哪些因素会影响孩子注意力的发展

1. 注意力发展得不好有可能是家长“打扰”的结果

孩子的注意力在他很小的时候就开始发展了，比如宝宝在 2 岁前，喜欢观察各种新奇的事物，把一些东西放到嘴里尝一尝，或是用手去撕家里的纸巾等。可是，家长往往由于怕脏或是觉得孩子浪费东西，就粗暴地制止了孩子的这些行为。随着孩子渐渐长大，他的活动半径也越来越大，认知能力也越来越强。比如有些孩子喜欢玩拼图，而家长频繁地给孩子喂水果、喊孩子喝水或在一旁指点夸赞，这些都是对孩子的“打扰”。孩子在家长频繁打搅下，不容易集中精力，注意力的发展就会受到影响。可见，家长对宝宝行为的不理解或制止，其实是在悄悄破坏孩子的注意力发展。

2. 孩子学习的内容难度与认知水平不符

有些家长希望孩子能“赢”在起跑线上，当孩子刚刚学说话的时候，就强迫孩子认字或数数，甚至不考虑孩子的年龄特点和认知发展规律，在孩子刚上幼儿园的时候就报名参加各种英语班和奥数班等。孩子在枯燥无味的学习材料面前会产生抵触情绪，久而久之就会失去学习的兴趣。因此，看上去宝宝的超前起跑好像比别人领先了几步，但很可能同时损伤了孩子的注意力和对学习的兴趣。

3. 给孩子提供过多的玩具

很多家长认为，给孩子多买一些新奇的玩具可以开发宝宝的智力。因此，家

里买了大量的玩具，并且家长在陪伴孩子的过程中，不断地替孩子决定玩什么。有时候，孩子可能就是单纯地玩水，他可能把一个杯子里的水倒入另一个杯子，如此的行为反复无数次。家长觉得这样的游戏太无聊，或是担心孩子洒出来水弄湿了衣服，会批评或阻止孩子这种行为。其实生活中给孩子过多的玩具，并不会直接提高孩子的智力，相反，过多的刺激可能会使孩子无法持续地关注一个事物。要知道，孩子主动重复玩一个玩具或是做一件事时，也是在发展他的注意力。

4. 铅中毒也是引发宝宝注意力问题的因素之一

相比成年人，儿童其实更容易成为铅中毒的受害者。大多数婴幼儿都有把手放进嘴里的习惯，这大大增加了把铅带入体内的概率。此外，婴幼儿机体代谢旺盛，其消化道对铅的吸收率为 42%~53%，而成人仅为 5%~10%，铅在儿童呼吸道的吸收率也比成人高出约 7 倍。进入身体后，铅在儿童体内的流动性也更强，更容易流向血液和软组织中，导致血铅超标，甚至中毒。铅中毒会引起贫血，影响生长发育，损害神经系统，影响认知学习功能，严重者可造成痴呆。因此，如果宝宝专注力不够，也要考虑是否有铅中毒的情况。

行动指南

■ 智慧家长如何做?

1. 预防由铅中毒引起的注意力问题

防止铅中毒可以在饮食、生活习惯等多方面下手。家长在为孩子购置奶瓶、水杯时，不宜选择靓丽的水晶制品。避免使用瓶内绘有彩色花纹的陶瓷容器盛装食品，特别是盛放饮料。早晨用自来水前先放水一分钟左右做其他用途。少食用含铅食品，如皮蛋、爆米花、铅质罐头食品等。保持儿童生活环境的洁净，大人少吸烟，家庭室内装修选用无铅油漆等。汽车尾气和道路周边的土壤中含有大量的铅，应尽量远离。父母若从事接触铅的职业，如交警、环卫工、电焊工等，回家后应沐浴更衣。

2. 减少对孩子的“打扰”

有些家长特别喜欢安排孩子的生活，比如孩子穿什么衣服，玩什么游戏、怎么玩，家长都想让孩子按自己的想法行事。长此以往，孩子专注于一件事情的能力必然会受到影响。此外，孩子的独立性也得不到锻炼。因此，要培养孩子的注意力，家长就要减少对孩子的打扰。高质量的陪伴是按孩子的节奏让他成长，比如孩子在专注地玩积木搭建游戏时，家长可以在旁边做助手而不是“包工头”。当孩子重复玩一个玩具或一遍遍看一本图书的时候，不要用其他的玩具或图书“引诱”孩子转移注意力。

3. 培养孩子规律的作息

给孩子制订一个规律的作息时间表,明确每天几点起床,什么时候下楼散步,什么时候吃饭睡觉等。规律的生活作息会使孩子形成良好的行为习惯,同时也有助于形成孩子在专用的时间做固定的事情的能力,从而发展孩子的注意力。

4. 控制孩子使用电子产品和看电视的时间

作为现代人,使用电子产品和网络是无法绕开的一个问题。但是我们也要知道,孩子在看动画片和玩电子游戏的时候,更多使用的是无意注意。即在注意过程中,这种注意不需要更多的意志品质和努力就能实现。过多地玩电子游戏或看电视,不利于发展孩子的有意注意,而有意注意的能力是今后学习和工作中不可或缺的能力。此外,由于看电视的时候,孩子的大脑处于被动接收信息的状态,孩子没有更多的主动思考和想象的参与,这也不利于孩子思维能力的发展。因此,要限制孩子使用电子产品和看电视的时间,每天接触电子产品和看电视的总时间控制在一个小时以内,而且以给孩子提供高质量的益智游戏或视频为佳。

自助训练

■ 活动一:“交通警察”游戏

在家里和宝宝一起玩“交通警察”游戏,在训练其注意力的同时,也帮助宝宝学习交通规则。

一人扮演交通警察,手里有代表红灯、绿灯、黄灯的三色卡片。其他成员扮演司机。

宣布规则:红灯亮了表示要停,绿灯亮了表示要走,黄灯亮了表示要等一等。也可以把这个规则编成儿歌“马路上面车子多,交通灯儿来指挥,红灯亮了停一停,绿灯亮了走一走,黄灯亮了等一等”。

交通警察对不遵守交通规则的司机进行“处罚”。

■ 活动二:拼图游戏

拼图的过程是孩子思维迅速活动的过程,也是培养孩子耐心、注意力、观察力的过程。刚开始玩时孩子的速度一般都很慢,经常半天也拼不对一块图片。这时父母一定不能急躁,要耐心对待孩子在拼图中出现的差错,鼓励孩子树立自信心。如果孩子一时拼不成完整的拼图,父母可以协助他完成余下的部分。这样做,既让孩子享受到成功的乐趣,又培养了孩子做事要有始有终、不可半途而废的品质。

■ 活动三：看图找不同

买一些专门用于训练宝宝视觉注意力的“找不同”的图书，和宝宝一起比赛找不同。家长要表现得比孩子反应慢一点，找出的个数要比孩子少一点儿。如果孩子总是输的话，就没有兴趣了。类似的游戏，比如走迷宫等也都可以用来训练孩子的注意力。

■ 活动四：“萝卜蹲”游戏

三个人以上玩这个游戏会更有趣。家里的每个人都扮演一种萝卜，如“红萝卜”“绿萝卜”“紫萝卜”等，第一个人边喊口令边自己不停下蹲“红萝卜(自己)蹲，红萝卜蹲，红萝卜蹲完紫萝卜蹲”，被点名的“萝卜”则要接替边喊口令边下蹲。做错的、反应慢的、说错的都要受罚。这个游戏中，宝宝不仅需要注意听什么时候叫到自己，还要记住大家都是“什么萝卜”，可以锻炼宝宝的记忆力和长时间注意力。

专题7　宝宝发展的敏感期有哪些

情景再现

我家东东今年4岁了，他在班里算是月龄比较大的孩子了。可是东东的人际交往能力明显落后于其他孩子。小班要结束了，东东还是无法跟其他小朋友建立关系，在班里总是一个人默默地看着别人玩。我也上网查了一些资料，说是孩子的各种能力发展都是有敏感期的。错过了敏感期，这种能力的发展就会受影响。我甚至一度认为东东是不是有自闭症，可是他在家里跟我们大人的交流还是比较多的。东东2—3岁时是奶奶带的，奶奶是一个比较沉默的人，不太爱交流，平时也很少带着东东跟其他小朋友玩。这与孩子的交往能力不好也有直接的关系吧？现在想起来，真是有些后悔了。工作再忙也不能错过孩子发展的敏感期啊，一旦错过真的是无法弥补啊！唯一值得庆幸的是孩子其他方面的能力都还不错，尤其是大动作的发育，比同龄的孩子高出很多。

家长困惑

自从敏感期这个概念开始流行，我们就总会听到各种敏感期，比如，语言敏感期、写字敏感期、画画敏感期，甚至吃饭敏感期都有。我们家长就会比较焦虑，生怕错过了某个敏感期，耽误孩子的发展。当看到邻居、朋友家的孩子才两岁就已经学会不少字，熟背几首古诗，家长心中就开始焦虑，担心识字教育晚了会让孩子输在起跑线上，于是家里的墙上贴了许多看图识字挂图，开始一遍遍地教孩子识字。于是，类似“早识字”的“超前学习”就应运而生。超前学习，就真的不会输在起跑线上了吗？家长到底该怎么陪伴孩子度过每一个敏感期呢？

专家解析

■ 什么是孩子发展的敏感期?

所谓的“敏感期”(也叫关键年龄、最佳年龄、临界期、关键期),是指对特定技能或行为模式的发展最敏感的时期或者做准备的时期,在这个时期培养孩子的某种行为习惯成效最大。如果在这个年龄段对孩子实施某种教育,可以事半功倍,而一旦错过了这个年龄段,再进行这种教育,效果就明显差多了,有时不只是事倍功半的问题,甚至终身难以弥补。

说到敏感期这个概念,我们不得不提一个人,叫洛伦茨。洛伦茨是奥地利的生物学家,专门研究动物,主要研究小鸭子。他发现小鸭子从蛋壳里出来的时候,第一眼看到的活动的物体,就认定是它的妈妈,并会对这个物体产生依恋之情。过了这段时间,小鸭子的亲妈妈来了,小鸭子也不认了。洛伦茨就说这个很有意思,让一只小鸭子一出生第一眼看见的是小兔子,小兔子蹦哪儿,小鸭子跟哪儿,如果第一眼看见的是羊,羊走哪儿,小鸭子也跟到哪儿。所以洛伦茨在1935年的时候提出一个概念,叫做敏感期。

根据洛伦茨敏感期的概念,人类学家和心理学家开始研究人的敏感期,最终发现,人的各种能力也都存在敏感期的问题。

行动指南

■ 智慧家长如何做?

在孩子的成长过程中,敏感期的出现是与每个孩子的实际情况紧密联系的,同一个敏感期,有的孩子可能出现得早些,有的孩子可能会很晚,这是由人的个体差异决定的,不能一概而论、生搬硬套。抓住敏感期固然重要,但也不要迷信敏感期,一定要根据孩子的实际情况进行恰当的引导,循序渐进。以下列举了十二个敏感期的特点及培养建议。

1. 对微小事物感兴趣的敏感期:1.5—4岁

特点:孩子常能捕捉到周围环境的微小事物,会做出一些我们不能理解的小动作,比如摆弄着花手绢怎么看也不厌烦。

建议:此时正是我们培养孩子对事物学会细致观察的好时机,让孩子带着疑问和想法去认知世界,这样最好不过了。

2. 口语发展的敏感期:3—6岁

特点:孩子基本已经掌握母语的全部发音,并且学会了用语规则,此时是发展口语表达、理解能力的敏感期。

建议:有些孩子说话晚,如果不是病症,那就有可能是环境所致。不管他会不会说话,我们都要多和他说话、讲故事,当他需要表达自我感受时,自然就开口说话了。良好的语言教育还会使幼儿学会与人交往。

3. 自我意识的敏感期:1.5—3 岁

特点:从开始说"我的",到开始说"不",到开始打人、咬人,再到模仿他人,渐渐地孩子有了自我意识。这时的孩子会认为自己是最重要的,如果发生不符合他心思的事情就会大哭大闹。

建议:当孩子打人、咬人时,我们只需要制止孩子的行为。对孩子来说,"打人"只是排除的意思,不要去谴责,在不违反规则的情况下,就让他合理表达他的自我吧。

4. 社会规范的敏感期:2.5—4 岁

特点:开始喜欢结交朋友,参与群体活动,这说明孩子进入了社会规范的敏感期。社会规范敏感期的教养有助于孩子学会遵守社会规则、生活规范,拥有自律的生活,和他人轻松交往。

建议:和更多的孩子接触。一般 3 岁的孩子可以准备入园了,幼儿园可以提供良好的交友环境。

5. 空间的敏感期:3—4 岁

特点:喜欢垒高高、玩三维玩具、钻箱子等。

建议:可以多提供类似的玩具,也可以让幼儿在这个时期学习各种几何图形,提高其空间感,为日后学习几何学奠定兴趣基础。

6. 色彩的敏感期:3—4 岁

特点:幼儿开始对色彩产生感觉和认识,开始在生活中不断寻找不同的色彩。

建议:给孩子提供多彩的动画及相关书籍,为日后培养绘画兴趣奠定基础。

7. 逻辑思维的敏感期:3—4 岁

特点:幼儿不断追问"为什么"。孩子的问题总是让家长感到应接不暇,当我们给孩子解答时,孩子开始出现了逻辑思维。正是通过这样一问一答的方式,孩子在认识客观世界的同时也发展了思维能力。

建议:多点耐心,要满足孩子探索的欲望,但是无法回答的问题一定不要随便找个答案或是给出错误的答案。

8. 剪贴涂等动手敏感期:3—4 岁

特点:孩子从这时开始真正有意识地使用工具,这也是大多数孩子建构专注品格的最好机会。无论在教室里还是家里,孩子都非常乐意选择剪、贴、涂这类工作。这也是孩子训练小手肌肉和手眼协调的重要方式。

建议：家长要做的，就是给孩子提供所需要的材料，并尽量不要打扰专心工作的孩子。

9. 占有和支配权的敏感期：3—4 岁

特点：幼儿开始强烈地感觉到占有、支配自己所属物的快乐。孩子只有在完全拥有物品并可以自由支配时，才可能去探索物品背后的含义。当这些物品的所有权完全属于孩子自己时，探索就开始了。与此同时，也就拉开了人际关系的序幕。

建议：给孩子提供一个独立的空间，比如一个属于孩子自己的房间或者区域，在你进入他的房间或者区域时，一定要征得他的同意，尊重孩子的空间权。

10. 人际关系敏感期：5—6 岁

特点：从一对一交换玩具和食物开始，到寻找相同兴趣的伙伴并开始相互依恋；从和许多小朋友玩，到只和一两个小朋友交往，孩子自己经历了人际交往的全过程，而这种交往智能是与生俱来的。

建议：家长可以对孩子进行一些人际关系相处方法的引导，不过身教大于言传。

11. 性别意识敏感期：4—5 岁

特点：大概 4 岁的孩子最好奇的就是谁是男孩谁是女孩。如果有人去洗手间，他们一定想要跟着去，因为是想观察对方到底是男孩还是女孩。

建议：孩子对身体的探索和认识来自观察，就如同认识自己的眼睛、鼻子、嘴一样。当然性教育也不要太晚。

12. 数学概念敏感期：4.5—6 岁

特点：孩子到了 4 岁多时，总是喜欢问这是几个？现在是几点？有几个人？这是因为孩子对数名、数量、数字产生了浓厚的兴趣。但是，这时的孩子还不能完全理解逻辑，他们只是能够将数名、数量、数字配上对。

建议：这是孩子数学智能的最初发展，而只有将数名、数量、数字三位一体地掌握，才算掌握了数学概念。这时可以让孩子帮助家里买一些日用品，通过购物锻炼孩子的数学能力及建立经济概念。

自助训练

■ 活动一：自创自编儿歌游戏，发展孩子语言能力

活动目标：(1) 锻炼孩子观察能力及想象力。
(2) 锻炼孩子口语表达能力。

活动玩法:家长根据幼儿感兴趣的事物,引导幼儿编儿歌,如:

家长:宝宝的书架上有一个漂亮的——(手指布娃娃,引导幼儿说出名称)

幼儿:布娃娃。

家长:布娃娃穿着——

幼儿:红色的衣服。

家长:布娃娃还有一个——

幼儿:疼爱她的妈妈。

家长:有一天布娃娃生病了,宝宝——

幼儿:真着急。

家长:那怎么办呢?

幼儿:带娃娃去医院看病。

家长:后来——

幼儿:娃娃病好了。

家长:妈妈和娃娃——

幼儿:真高兴。

以此玩法激发孩子的创造能力和想象力,以及语言表达能力。可以根据幼儿年龄做相应的难度调整。

■ 活动二:复述故事或复述动画片的情节,发展孩子记忆和语言能力

活动目标:(1) 锻炼孩子的观察能力及记忆力。

(2) 锻炼孩子的口语表达能力。

(3) 锻炼孩子的模仿能力。

活动玩法:和孩子一起观看动画片或阅读幼儿刊物,提醒孩子注意故事情节和人物说话的语气。观看几遍之后,由家长帮助孩子复述故事情节。待幼儿较为熟练后,进行角色分配,以剧中人物的语言再现情景,以此锻炼孩子的口语表达能力和模仿能力,同时孩子的观察能力和记忆能力也相应地得以锻炼。

■ 活动三:捡豆子比赛

活动目标:锻炼宝宝手部肌肉和培养宝宝手眼协调能力。

活动准备:

(1) 给“参赛”的宝宝或其他家人每人准备多个矿泉水瓶或者其他瓶子、罐子。

(2) 准备不同颜色和大小的豆子,如黑豆、大豆、芸豆等(注意必须看好孩子,防止孩子把豆子塞进鼻孔或口中)。

活动过程:把不同颜色的豆子混在一起,然后按不同颜色分别装到矿泉水瓶或者其他罐子里,注意不同颜色的豆子要分开装哦。最后是装豆子多的人获胜。

专题8　应该让宝宝早认字吗

情景再现

洋洋已经上幼儿园了，妈妈之前一直没有刻意地想教女儿识字，也没有给女儿提过太多学习的要求，因此，洋洋一直在轻松、快乐、自由的氛围中成长。

直到有一天，洋洋妈妈看到同小区的一位母亲拿着绘本在和宝宝进行亲子阅读，觉得这位妈妈真用心，于是想要和她交流育儿经验。走近后才发现，这位母亲不是在和孩子看绘本，而是在教孩子识字，还不时地大声说："这个字之前都教过你好多遍了，怎么还是记不住呢？"

洋洋妈妈有些羡慕。看年龄，这个宝宝似乎比洋洋还小，就已经能够认识部分汉字了。她向这位妈妈请教，这位妈妈振振有词地说道："在幼儿识字班里，我们孩子都算是落后的了，有一个女孩2岁就认字了，4岁都已经认识上千个汉字了，而且经过专门的智力测试，显示她智商很高。"听了这些，洋洋妈妈更困惑了，难道现在就让女儿输在了起跑线上？她似乎也有些迫不及待地想教孩子识字了。

家长困惑

困惑一：早教班的老师说，孩子的阅读和说话都是有敏感期的，3岁左右大脑就已经有学习汉字的能力了，还是提早锻炼孩子的认字能力好。但是也有一些观点认为，太早认字有可能使宝宝觉得太难从而对学习失去兴趣。宝宝到底该不该早认字呢？

困惑二：不学认字吧，怕宝宝输在起跑线上，让孩子早点学认字吧，又担心宝宝太辛苦。关于小宝宝该不该学认字，现在网上各种观点、各种言论弄得我们也是眼花缭乱。

应该让宝宝早认字吗？真是让我们做家长的难以抉择。

专家解析

一、宝宝早认字的利与弊

是否应该让宝宝早认字，一直是困扰很多爸爸妈妈的问题。其实，任何的教育都应该遵循宝宝的身心发展规律和特征，也应该关注宝宝的情感需求。而且每个宝宝的发展都是存在个体差异的，爸爸妈妈不能“盲目等待”，也不能“过度开发”，而是应该科学地尊重宝宝的学习规律，做到因人施教。

1. 宝宝早认字的优势

第一，促进宝宝智力的发展以及大脑的发育。幼儿期是宝宝大脑发育迅速且关键的时期，让宝宝进行早期阅读、识字无疑会锻炼宝宝的脑部组织，且宝宝的学习往往伴随着他的视觉、听觉、触觉同时进行，也让相关的脑区得到了锻炼。

第二，拓展了宝宝的活动和兴趣探索范围。文字是每个人学习知识、获取信息的重要工具，宝宝早认字能够帮助他们获得更广泛的活动范围，例如增强了对动画片、游戏的理解力，促进宝宝对更多的事物保有好奇心和探索欲。

2. 宝宝早认字的弊端

第一，提早感受到学习压力，让宝宝对认字失去兴趣。如果爸爸妈妈只是让宝宝记忆某些字词，那么宝宝就会将“认字”这件事潜移默化为“爸爸妈妈要求我做的事情”，很可能会产生压力，也容易提早失去求知欲和想象力。

第二，宝宝的思维发展不成熟，容易忘记。在幼儿园阶段，孩子的思维开始逐步由直观动作思维向具体形象思维过渡，需要依托一个具体的形象来认识事物，例如说到狮子，他会想到动画片《狮子王》里面的狮子；学习字母“O”，他们可能会联想到甜甜圈。就算孩子认识某些字，如果不通过绘本、图片等符合宝宝思维的方式巩固的话，他们也很容易忘记。

第三，如果达不到父母的预期，可能影响亲子关系。很多爸爸妈妈是带着自己的期待来教宝宝认字的，如果孩子没有达到自己预期，父母很可能会表现出急躁或愤怒的情绪，这样反而会让宝宝处于不安全和不快乐的学习氛围中，还可能影响亲子关系。

二、正确区分早期阅读与识字教育

早期阅读是为了培养孩子的阅读能力和兴趣，孩子不一定能认识书中所有的文字，但在看书的过程中，他们会结合自己的生活经验自然去习得文字，并逐渐理解。孩子进行早期阅读训练可以结合各种感官进行，包括触摸某个实物来了解某个汉字、听别人说故事、看绘本中的图片，这些都属于早期阅读活动。早期阅读的学习符合幼儿直观动作思维、具体形象思维的特征，是基于孩子年龄特征和思维特征进行的教育，可以激发孩子主动探索的能力，培养孩子感知文字的兴趣，对于宝宝来说是“真识字”。

识字教育则重点在于让孩子认识这个字，知道字形、字音、字义。孩子缺少一定的阅历和生活体验，即使教给孩子读出每个字，他们依然不能理解这个字的真正含义。这种教育违背了宝宝的身心发展规律，对于宝宝来说属于“假识字”，可能会过早透支孩子的识字兴趣和潜能。

行动指南

■ 智慧家长如何做？

有人说“孩子认字早晚是先天决定的，没办法，有的孩子天生就是神童”，也有人说“只要父母提早督促、开发，孩子就不会输在起跑线上”。其实，每个宝宝都有自身的发展规律和进程，而家庭则是宝宝早期学习的重要环境，在充满尊重、自由、安全的家庭环境下，宝宝才能有更强的学习知识的欲望和敢于探索的好奇心。

1. 了解宝宝认字的规律，尊重孩子自身的发展历程

孩子的成长是一个“静待花开”的过程，每个孩子不同能力的发展速度不同，需要家长耐心地等待他们成长与成熟。对孩子早期阅读能力的培养也是一样的，不要急于求成，要给孩子足够的探索时间和空间，尊重他们的思维模式和发展历程，用适合孩子的方式帮助孩子建立知识与现实社会的联系。

一般来说，3—5 岁孩子对图形知觉最为敏感，他们的思维也逐渐向具体形象思维过渡，4 岁起进入文字敏感期。有时我们会发现宝宝身上奇怪的认字方式，例如“桌子”在卡片上认识，书里出现就不认识了，把“电视机”三个字贴在电视上他能认出，贴在墙上又不认得了。因此，爸爸妈妈一定要用适合宝宝的方式帮助他们进行一定的阅读训练，让他们动用视觉、听觉、触觉等感官探索文字，激发其认字兴趣。

2. 培养孩子的阅读习惯

爸爸妈妈通常的理解是幼儿应该先识字，再阅读，但对幼儿来说，他们的阅

读和成人的阅读是不同的。大人的阅读是在理解文字意义的基础上进行自主阅读，而宝宝的阅读通常是通过图片、绘本等进行，他们会结合图片和自己的想象来习得画面的意义，进而学习文字。因此，父母培养宝宝阅读的习惯，最主要的目的是激发孩子探索知识的兴趣，而不要刻板地让孩子认识汉字。

此外，爸爸妈妈可以固定和宝宝的亲子阅读时间，让孩子逐渐形成阅读的意识和习惯。父母是孩子潜移默化的模仿对象，父母喜欢自主阅读学习，孩子自然也会养成良好的阅读习惯，这对孩子汉字的学习和未来的发展都有积极的影响。

3. 为宝宝创造自由的识字环境，到现实生活中去识字

孩子必须借助自己的经历和实物，才能更好地理解汉字。智慧的爸爸妈妈会用孩子听得懂的语言、可以接受的方式向孩子传达文字的信息和内容。例如，有一位爸爸教孩子“春天”这个词，他带着孩子在 3 月初春走入大自然，感受春天，回来后，孩子不自觉地联想到“春”字的一撇一捺特别像初春的柳枝随风摇摆。一位妈妈在给女儿读《静夜思》，读到“低头思故乡”的时候，她会告诉女儿“故乡就是每个人出生的地方，妈妈出生的地方是……”女儿很快就会类推下来“那我出生的地方在……”以此收获了对“故乡”的了解。此外，宝宝识字应渗透于生活的方方面面，可以带他们去市场认识各种果蔬、去公园认识各种花卉，也可以将孩子的游戏活动与识字相结合。宝宝在这种自由的学习氛围中，自然就认识了许多汉字。

4. 包容孩子暂时的“落后”

当发现其他的小朋友都已经认字了，而自己的宝宝还停留在只对卡片或绘本感兴趣时，大多数家长都会着急或焦虑，恨不得立刻将所有的汉字都教给孩子。爸爸妈妈应该意识到，有些孩子虽然能读出汉字，但并不理解汉字真实的意义，缺少真正的记忆。随着孩子思维的发展变化，后期大多数孩子都可以追赶上来，能够习得汉字的含义。

因此，识字的过程也是要遵循宝宝成长规律的。爸爸妈妈要包容孩子暂时的“落后”，不要过度紧张和焦虑，不苛求孩子一定要认识多少汉字，而是要让孩子在早期阅读中获得乐趣。

自助训练

对于幼儿园小班的宝宝，爸爸妈妈应该结合孩子的思维特征，让孩子进行一定的早期阅读，在探索、接触、感受中增强孩子对汉字学习的兴趣。在真实的情景中，孩子也能够更好地理解汉字学习的意义。下面的这些小活动，爸爸妈妈可以试一试！

■ 活动一:带宝宝到生活中去认字

可以带领宝宝接触生活中的物体,这样更方便宝宝记忆和理解。例如,想让宝宝习得与水果有关的汉字,可以带孩子去水果超市走走,看看水果的形状、颜色,品尝水果的味道,以此习得这一水果的名字。宝宝如果对“汽车”玩具特别感兴趣,可以借此教给孩子有关汽车的各个标识、交通信号等。

■ 活动二:无字书中也有“字”

家长在和宝宝的亲子阅读中,不要给宝宝看都是文字的材料,他们的抽象思维还没有形成,不能理解文字的意义,需要借助书中的图片来理解。有时和宝宝阅读“无字书”也是不错的选择,无字书中虽无汉字,但可以帮助孩子更好地想象故事的情节,激发孩子的想象力和创造力。也可以借助无字书中的情节,例如让孩子为主人公取个名字,来教孩子认识汉字。

专题9　宝宝说话晚怎么办

情景再现

我家宝宝从出生到现在，抬头、翻身、爬行、走路发展都很棒，唯独说话晚成了家人的一块心病。最初，我们也会自我安慰“男孩子本来说话就晚”，老一辈人也说过“贵人语迟，大器晚成，早晚都会顺利开口说话的”。但是现在宝宝3岁了，已经上幼儿园了，还依然没有什么进步，只有着急的时候才会喊“爸爸”“妈妈”，其他时候说出来的也只是“啊啊”“嗯嗯”等词，这让我们做父母的怎么能不着急呢？

有一天我带孩子在游乐场里玩耍，看到同龄的一个小朋友拿着自己的小火车模型，嘴里不停地念叨“呜呜呜，呜呜呜，火车进站啦……”再看看自己的宝宝，就坐在那里安安静静地挖沙子，心里别提有多焦虑了。这个年龄段的孩子语言不应该飞速发展吗？都应该是“小话痨”啊，为什么自己的孩子还是默不作声？

后来带宝宝做了全面的检查，听力、视力、适应能力、大动作和精细动作发展都正常，语言发育中度迟缓。我这才意识到，一直在等孩子自然学会说话，差点酿成大错，错过孩子语言发展的敏感期，影响孩子的成长。现在宝宝经过专业的训练，已经有了很大的进步。回想当时的疏忽大意，真是后怕。

家长困惑

困惑一：我家宝宝两岁多还不开口说话，老人们总是说“贵人语迟”，现在眼看就要上幼儿园了，真不知道该怎么办。

困惑二：我家宝宝两岁多了，只能说出一些简单的词，好像总是自说自话，不和大人互动回应,是不是存在什么问题啊?

困惑三:我家宝宝三岁了,不说话,但心里都明白,自己吃饭、玩游戏都可以,看起来也没什么行为上的异常,他是不想说话吗?

宝宝为什么会说话晚?面对宝宝说话晚的现象,作为家长,我们到底该怎么办啊?

专家解析

如何多元化了解孩子

一、宝宝语言发展的敏感期有哪些

一般来说,宝宝的语言发展和其他能力的发展一样,是存在一定年龄规律和特征的,有一定的发展过程。当然,每个宝宝也会存在差异,发展速度可能不一,爸爸妈妈也需要因人而异看待。3—6 岁是口语发展的敏感期,也是容易出现语言障碍的时期。

1. 语音的发展

宝宝在 3—4 个月的时候会发出单音,例如“a”;8 个月左右会发出音节,例如“ba ba ba”;4 岁左右发音器官日趋成熟,在语言环境中逐渐习得全部语音,6 岁左右能做到咬字清楚、发音准确。

2. 词汇的发展

宝宝 1 岁左右开始说出“妈妈”“爸爸”这样的叠词,1 岁半左右可以说出“汽车”“吃饭”等词语,3—4 岁掌握的词汇大多以名词、动词为主,5 岁左右对形容词的使用逐渐准确,对词的理解也更为深刻。

3. 语句的发展

宝宝 2 岁左右可以说出简单的句子,例如“宝宝饿了”;3 岁左右可以使用相对复杂的语句,可以和成人沟通交流,例如会说“我要找妈妈”等;4—5 岁能够用简单语句描述见闻。

4. 语言理解能力的发展

3 岁左右幼儿可能会出现“集体讨论”的现象,但宝宝们都是自说自话,内容不相关。4—6 岁幼儿语言的逻辑性逐渐发展,彼此的交流开始注重关联性和重点。

二、宝宝说话晚的原因是什么

孩子的语言发展各不相同,有的孩子 1 岁多就开始像一个“小话痨”,有的孩子 3 岁多还什么都不会说。宝宝说话晚是爸爸妈妈必须关注的现象,一般来说,如果宝宝比同龄的小朋友开始说话晚了半年以上,爸爸妈妈要尽早搞清楚宝宝说话晚的原因，必要时接受专业的训练和治疗。造成孩子说话晚的原因一般包括以下几方面：

1. 孩子可能面临发育延迟的问题

大脑相应脑区损伤或其他疾病可能导致孩子说话晚。例如有少数孩子属于“特发性语言发育延迟”，除了说话晚，还会伴有不沟通、不回应等其他异常行为。这种情况下，家长一定要带孩子去医院诊断，不可错过治疗时机。

2. 语言发展缓慢是自闭症的一个表现

自闭症的孩子普遍说话晚，但自闭症孩子的语言发育迟缓往往伴随非语言交流的障碍，例如他们不会模仿爸爸妈妈的行为，对微笑、拥抱不会积极回应，缺少社会联系。父母在观察孩子的语言发展的过程中，一定要同时观察孩子的典型行为特征，如果发现异常要及时寻求帮助。

3. 父母教养方式不当，孩子缺少正确的语言环境

如果父母或成人总是用儿语和宝宝说话、强行纠正宝宝语言的错误、不回应宝宝的互动、过于关注以至于剥夺了孩子练习语言的权利、或创设的语言环境太过复杂，都不利于孩子语言能力的发展，会造成孩子说话晚。此外，有些家庭由老人带孩子，老人不喜欢与孩子交流，有些家庭成员普通话水平不高，都可能使宝宝缺少积极交流的语言环境，从而造成宝宝说话晚的现象。

行动指南

■ 智慧家长如何做？

面对孩子说话晚的现象，爸爸妈妈最先需要做的，是确定孩子说话晚的原因，如果属于病理性的，需要及早治疗训练。此外，父母的教养方式与家庭环境对宝宝的语言发展起着重要的作用，创造安全、积极的语言环境，会增加宝宝与成人的互动，促进其语言能力的发展。

1. 给宝宝创设一定的说话机会和语言环境

宝宝语言能力是需要不断地学习和训练的，爸爸妈妈要为宝宝创设一定的说话机会，经常与孩子互动，增加孩子模仿成人说话的机会。有些父母可能忙于工作，回家后因为疲惫，只是简单地和宝宝互动；有些父母觉得和孩子说话他也听不懂，还不如直接玩手机；有些父母本身性格内向，不爱说话，这些都会影响宝宝语言能力的发展。增加孩子的言语刺激，能更好地训练孩子习得语言的能力。

此外，宝宝说话的语言环境切不可太过混乱。例如，有些家庭对话中可能夹杂着方言、有些父母想让孩子提前学习英语等，孩子在混乱的语言环境中无所适从,无法辨别正确的学习方式,有些宝宝索性“不说了”。尤其对于3岁以下的宝宝,更需要专一的语言环境,爸爸妈妈最好在这一阶段帮助孩子打好母语的基础,尽量让孩子接触普通话,对外语学习不要急于求成。

2. 不嘲笑、不过度纠正宝宝的语言错误

宝宝在初学说话的时候,难免会出现口齿不清、词语分辨不清的情况,有些爸爸妈妈觉得有趣,经常会拿孩子的错误开玩笑,故意模仿孩子错误的发音,或故意制造难的词语让孩子出错。有一位年轻的妈妈,出于好玩不停地让孩子念词语“牛油果”,孩子不时念成“牛牛果”“油油果”。虽然这样父母觉得有趣,却会伤及孩子的自尊,打击孩子开口说话的积极性。

强行纠正孩子的错误也会让孩子觉得紧张不安。宝宝一开口说话,爸爸妈妈就赶紧纠正孩子错误的读音,这会让宝宝在下次开口之前总是担心自己说得不对,会让宝宝对说话产生厌烦的心理。例如在一次家庭聚餐中,为了让宝宝认识家庭成员,父母便教宝宝每个家庭成员的称呼,孩子对“姥爷”和“老姨”总是区分不开,父母不停地纠正,孩子还是会犯错,最后孩子干脆不说了。

3. 多给孩子回应,多和孩子互动

给予宝宝足够的反馈,积极地和宝宝互动,是孩子进行语言活动的动力。家长千万不要认为孩子听不懂,就不和他们沟通交流,其实孩子的语言理解能力比我们想象得要强,而且孩子在和成人的交流中,会逐渐模仿成人的语言,爸爸妈妈和他说得越多,孩子说话就越早。

父母在和孩子互动的过程中,也可以有意地引导孩子习得语言。例如孩子想喝水,他可能会咿咿呀呀地表达自己的需求,爸爸妈妈看到后不要立刻就给孩子喝水,可以尝试锻炼孩子理解“杯子”“喝水”等词语,让孩子慢慢将这个经历和语言联系在一起,加深宝宝的记忆。

4. 放慢速度和孩子说话

孩子学习说话,最主要的方式就是模仿成人的语言,因此,为了让宝宝能够听清楚、说清楚,父母切不可太过急躁,和孩子说话一定要说慢、说清,态度和蔼,关注宝宝的需求。此外,富有变化的语调也容易吸引宝宝的注意,父母在为孩子读绘本、读故事的时候,可以变换自己的语调,或利用音频、视频等让孩子通过不同的声音听故事,让孩子觉得新鲜有趣,这样也会促进他们的模仿学习。

5. 及时观察了解孩子说话晚的原因,必要时及时就医

如果孩子只是说话晚,没有伴随其他的异常行为,父母不用太过担心,有些孩子语言发展的能力就是会比其他小朋友差。但父母一定要经常性地关注孩子的行为表现,如果发现孩子还伴有异常的行为,或语言发展比同龄小朋友已经晚半年以上了,一定要带宝宝去医院检查,明确说话晚的原因,必要时接受正规的

专业训练和治疗。

自助训练

宝宝语言的发展，遵循着他们自身的思维特征和学习规律，所以爸爸妈妈一定要保持耐心和理解，不要急于求成。营造温馨、安全、自由的环境，更有利于宝宝积极地交流。下面一些温馨的小方法，爸爸妈妈不妨试一试，既能增进和宝宝的互动，又能提升亲子关系。

■ 活动一：亲子角色扮演

爸爸妈妈可以和孩子进行亲子角色扮演，在角色互动中增强孩子的兴趣，发展孩子语言表达能力。例如，在童话故事中，爸爸妈妈扮演一个角色，宝宝扮演一个角色，虽然宝宝可能对有些故事情节不能理解，但爸爸妈妈可以引导孩子想象故事情节，补充人物的语言。

■ 活动二：猜谜语

爸爸妈妈可以和孩子进行猜谜语的活动，在猜测的过程中，既增强了趣味性，又能锻炼孩子语言理解的能力。例如，“五个兄弟，住在一起，名字不同，高矮不齐”，谜底就是“手指”；还可以借此机会，教给孩子五个手指的名称。

■ 活动三：温馨的睡前故事

睡前不妨和宝宝一起阅读绘本，让宝宝伴着睡前故事入眠。在一起阅读的过程中，家长可以先让宝宝根据图片自己描述和解读，让孩子在想象中表达。爸爸妈妈还可以在故事中创造一个又一个小问题，让宝宝思考回答，在和宝宝的阅读互动中，给宝宝更多的说话机会，也给宝宝更多爱。

专题 10　为什么宝宝爱说"不"

情景再现

两岁多的冬冬这段时间特别爱说"不"！问他喝奶吗，他会说"不喝"；问他喝水吗，他也会说"不"；别的小朋友跑过来和他玩，他也要大声说"我不想和你玩"；问他喜不喜欢妈妈，他也会说"不喜欢"。虽然嘴上说着"不"，但他很快就忘了似的照样喝奶、喝水，和小朋友一起玩耍。

家长困惑

以前一直以为孩子的叛逆行为一般会出现在青春期前后，可是在养育孩子的过程中，发现宝宝从 2 岁左右就开始喜欢和大人对着干，似乎说"不"是他的口头禅。以前听话的乖宝宝，在 2 岁之后，开始变得执拗、任性，甚至强硬，摇身一变成了一只"小刺猬"。这么点的小宝宝开始叛逆时，我们当家长的会感觉束手无策。面对宝宝说"不"，我们家长该如何应对呢？

专家解析

心理学认为，人的一生一共有三个"叛逆期"，两三岁时出现的叛逆行为是人生第一个叛逆期的表现，称为"幼儿叛逆期"或"第一叛逆期"；七八岁则是人生第二个叛逆期，称为"儿童叛逆期"；在 12—18 岁，是人生第三个叛逆期，就是大家最熟知的"青春叛逆期"。孩子在不同的叛逆期，有不同的个性发展、心理生理发育特点，父母应对的方法也要不同。

对于第一个叛逆期，学者是这样描述的：不断意识到自我的存在，认为自己是世界的中心，出现挑衅行为，要求每个人都按照他的想法思考，无法通过讲道理来沟通。

■ 第一个叛逆期的宝宝都有哪些表现？

1. 喜欢说“不”

“不”字让孩子感受到语言的力量，所以他们会频繁使用“不”这个“武器”。在孩子眼里，所有的事情不分“对错”，只分“你我”。为了证明“我”是对的，他就会否认其他人所有的话。

2. 喜欢和父母唱反调，对着干

父母要求的事情偏不做，父母越不让做的事情越要做。

3. 破坏性强

第一个叛逆期的孩子还喜欢摔东西、拆玩具、乱涂乱画，经常把家里弄得乱七八糟。

4. 爱哭闹、易激惹

经常一言不合就哭闹，经常向家长“示威”。

5. 喜欢自己做主

自己做不好或者不能做的事非要自己来做，有时候会要求家长按照自己的要求穿衣打扮，甚至会出现冬季要求穿裙子、夏季要求穿棉衣的需求，明明知道不可以，但依然坚持自己的意见，想要做的事坚决要做到，否则就要赖、打人。和小朋友玩耍时，喜欢争抢同一件玩具，即使是自己很久没玩的玩具，看到别人玩他也要争抢。自己的玩具不愿意和别人分享，但又喜欢抢别人玩具。

6. 喜欢挑战规则和权威

不按照规则办事，故意破坏之前定好的规矩；提出各种稀奇古怪的要求；和父母讲条件，必须达到他的要求他才肯做事。

行动指南

■ 智慧家长如何做？

古话说“三岁看大，七岁看老”，可见，孩子在三四岁时出现的“第一个叛逆期”对他们的影响之大。我们要用正确的方式引导这个阶段的“小刺猬”，才能轻松应对“第一个叛逆期”。

1. 了解孩子叛逆行为的原因和动机，“对症下药”

幼儿期的孩子时常会有一些出人意料的行为，当被制止时，他们就会表现出对成人的不满甚至反抗，喜欢用“我不”来表示反抗。在这种情况下，家长要理解、尊重孩子的行为，要站在孩子的立场用心去体会他的感受，尽量多创造一些条件，适当地满足孩子的需求。比如在寒冷的冬季，孩子出门要穿凉鞋，这种情况家长往往会制止他穿凉鞋并强行让他穿上棉鞋，孩子肯定是不满意的。家长可以尝试满足他的要求，就让他穿着凉鞋出门，估计不超过五分钟，他就会被“冻”回来换鞋了，他会明白人们的穿戴和季节的变化是分不开的。宝宝通常就会记住自己这么做的后果，以后再犯时，就会在内心好好掂量一番了。

2. 适当的时候采取“冷处理”的方法

当孩子无理取闹而又不能满足他们时，家长可以采取“冷处理”的方法，让他自己哭闹，孩子往往哭着哭着自己就好了，似乎忘记了自己为什么而哭。但是等孩子情绪好转，能听进道理的时候，家长还得慢慢教育。当孩子明白自己的要求不合理以后，自然就不会无理取闹了。

3. 家长要有原则，不能过于迁就

叛逆期的孩子是矛盾的，他们会不断挑战规则，又会不断追求规则。这时候如果规则混乱，孩子一定会缺乏安全感。这就要求家长一定要有原则，规则一旦制订，就一定要遵守。当然家长制订的规则，一定要符合孩子的年龄特点。

4. 教孩子学会表达情绪

处于第一个叛逆期的孩子对于情绪还处于似懂非懂的状态，他们不会表达自己的情感，建议家长要教孩子恰当表达情绪的方法。比如宝宝在生气时，可能会打人、咬人或扔玩具，家长要告诉宝宝他这是在生气，如果生气了，应该用语言表达说“我生气了”，而不是打人、咬人或扔玩具。通过这种场景式教育的体验，孩子才会了解每种情绪意味着什么，使宝宝真正懂得每种情绪的特点和表达方法。

5. 理解孩子，减少命令他的次数

想要减少宝宝说“不”的频率，大人首先要反思自己，试着去考虑宝宝的感受，考虑自己的要求是否合理，而不是着急告诉宝宝“这个不行，那个不行”，更不要以命令的口气命令孩子。如果某件事对于宝宝而言有危险或者不适合做，家长一定要告诉他为什么不能做，如果做了会有什么后果，需要怎么做才能避免这样的后果产生。

6. 父母要保持冷静

提高嗓门、恐吓或命令一般都很少能够改变孩子的意愿，很难让他从“不”变成“是”。实际上，家长愤怒的反应只会更加刺激孩子，将来孩子甚至可能做出更偏激的行为。所以，父母要控制好自己的情绪，保持冷静，才能避免激化孩

子的情绪。

7. 培养孩子的爱心、同情心

幼儿的叛逆性行为很多时候表现为破坏性。在日常生活中，我们要潜移默化地对孩子进行“爱心、同情心”的教育。比如孩子在墙上乱涂乱画，家长可以用“墙”的口吻和孩子对话，告诉孩子“我的‘脸’太脏了，我真的很难受”；如果孩子把纸撕碎了，家长可以告诉孩子“纸妈妈发现纸宝宝被人撕碎了，会哭得很伤心”。如果幼儿有了爱心、同情心，孩子的破坏力也会大大减弱。

教育孩子是有学问的，家长要就事论事，晓之以理动之以情，相信再“叛逆”的孩子，只要家庭充满爱，给孩子创造一个宽松、自由的氛围，孩子一切的“叛逆”行为都会悄然消失的。

自助训练

■ 活动一：巧用激将法和选择法

活动目标：利用孩子逆反的心理，孩子不想做什么，偏要他做什么，帮助孩子顺利度过第一个叛逆期。

活动准备：抓住孩子第一个叛逆期说“不”的机会。

活动场地：家里。

参与成员：爸爸、妈妈、孩子。

活动过程：

(1) 比如：吃饭时，父母让孩子吃饭，孩子偏不吃。

父母可以采用激将法，告诉孩子“今天你不能吃饭啊”；父母也可以采用选择法，问孩子“你是先吃蔬菜呢，还是先吃牛肉呢”。

(2) 比如：睡觉前，父母要关灯，孩子就是不同意关灯。

父母可以巧用激将法“要睡觉了，你不要关灯啊”；父母也可以采用选择法，问孩子“你使用左手关灯呢，还是用右手关灯呢”。

(3) 比如：小朋友来家里玩，孩子就是不肯让小朋友动他的玩具。

父母可以采用激将法，告诉孩子“这是你的玩具，你可不能把它给小朋友玩哦”；父母也可以采用选择法，问孩子“你想让小朋友玩你的枪呢，还是让他玩你的车呢”。

(4) 父母总结：父母对孩子第一个叛逆期的行为和自己的应对方法进行总结，找到有效的方法帮助孩子顺利度过第一个叛逆期。

■ 活动二：我来给你做榜样

活动目标：让宝宝通过游戏的方式，用自己的自愿行为替代“逆反”行为。

活动准备：玩偶若干。

活动过程：可事先给玩偶起名字，如不讲卫生的小猪、不爱吃青菜的小兔等。然后家长可以手里拿着玩偶模拟配音，让宝宝给出主意解决问题。如，不讲卫生的小猪问宝宝：“我就是不爱洗手，妈妈让我洗手我就说‘不’，可是因为不讲卫生，有时候会肚子疼，我该怎么办啊？”提出这些问题后，由宝宝来给玩偶讲道理，并给玩偶做出榜样。

专题 11　为什么要让宝宝知道"我是谁"

情景再现

涵涵今年上幼儿园小班，正是到了最惹人喜爱的年龄，妈妈观察孩子的行为，俨然他已经成为一个"小大人"，这个"小大人"好像还长了不少"本事"。有一次，一个阿姨想给他剥糖果吃，没想到小家伙突然说出一句："我会，我来剥。"以前，家里来亲戚的时候，都是大人抱着涵涵，而现在，他会按照自己的意愿，拉着客人到自己的小房间里，给客人展示他的小宝藏，有时给大家看他的新玩具，有时指着自己的照片，有时让别人用他的画笔画画。虽然说得不清晰，但他特别愿意用孩子的方式和别人表达自己的意见。

但是这个"小大人"好像还不算合格，他依然会出"洋相"，比如说话发错音，吃饭弄脏了衣服，用妈妈的口红当画笔。最让妈妈惊讶的是，涵涵好像有了小脾气。幼儿园老师反映，学校分发玩具，涵涵被分到了小汽车，有一个小朋友也想去玩小汽车，没想到涵涵紧紧地护住玩具，嘴里还不停地说道："这是我的。"看着涵涵自顾自的样子，听着他经常把"我"挂在嘴边，妈妈深深地感受到了孩子自我的成长与变化。

家长困惑

困惑一：我家宝宝不让我抱了，出去玩也不太愿意拉手走路，之前她特别喜欢“粘”在我身边，但是现在，玩玩具的时候总是自顾自地玩。是孩子和我不亲了吗？还是我做得不够好？

困惑二：我家宝宝现在总把“我”这个词挂到嘴边，这是孩子长大的标志吗？如果代表孩子成长了，为什么他还是和以前一样淘气？

困惑三：以前宝宝还挺大方的，现在家里来其他小朋友，他总是护着他的玩具，说“这是我的”，这到底是自我成长还是变自私了？

宝宝的自我发展有哪些特征？作为家长，又该如何帮助宝宝认识自我呢？

专家解析

如何培养孩子的自信心

一、幼儿早期自我意识发展的特征

幼儿早期是指孩子 3—4 岁的年龄阶段，属于幼儿园小班，在这一阶段，他们开始出现自我意识的萌芽，并伴随自我发展的行为。

1. 开始使用人称代词“我”

孩子在出生时是无法区分自己和其他物体的，直到七八个月的时候，他们才可以区分自己和他人，例如当听到妈妈经常叫他的称呼时，婴儿会有明显的表情或反应。两三岁时，孩子的自我意识有了大突破，他们开始使用人称代词“我”，这是自我意识萌芽的重要标志，当孩子能够用“我”来表达自己的要求或意愿时，他们真正的自我意识也就产生了。

2. 对自我的评价主要依赖成人

宝宝的思维和认知水平受限，自我评价能力较低，主要依赖于成人，例如他们说自己是好孩子，实际上是因为“老师说他是好孩子”。成人对幼儿的评价在他们的成长中至关重要，过高或过低的评价都不利于宝宝个性的发展。

3. 自我体验逐渐发展，出现社会性的情绪情感

宝宝天生具备喜怒哀乐等基本情绪，随着他们步入幼儿园，接触小伙伴，社会交往范围扩展，他们逐渐出现自尊、委屈、羞愧等复杂的社会性情绪体验。例如当宝宝被当众批评时，他会表现出逃避、苦恼等行为，其实背后是他们自尊的表现。

4. 自我控制能力有待提高

对于 3—4 岁的宝宝来说，他们的自控能力还比较差，无法坚持画完一幅画、无法把糖果保留到明天再吃。一般到了 5—6 岁，宝宝的自我控制能力才有了一定的发展。

二、正确区分幼儿的“自我中心”与“自私”

幼儿自我意识发展的初期阶段会出现“自我中心”的现象，很多爸爸妈妈会困惑，为什么孩子好像突然变得“自私”了？是否需要对孩子进行教育？其实，幼儿早期的“自我中心”并不等同于自私。

“自我中心”在思维发展方面，是指幼儿由于思维的限制，只能从自己的角度来理解事情，而没有意识到他人的视角和自己的是有区别的。一位著名的儿童心理学家曾做过“三山实验”来观察幼儿的思维发展。他制作了一个假山模型，上面摆着三座大小、方位、山上景色均不相同的假山，让儿童从不同角度来观察三座山，并在另一个角度设立一个布娃娃，布娃娃看到的“山”和儿童看到的“山”是不同的。实验发现，当问儿童“布娃娃”看到山是什么样子时，儿童只能从自己的角度来描述“山”的特征，并认为布娃娃看到的和自己看到的是一样的。幼儿的“自我中心”特征会随着自我的发展和社会化的进程，逐渐减少、消失，幼儿最终能够理解他人的行为和情感。

“自我中心”在社会性方面，有时会表现为孩子缺乏集体意识和同情心，只为自己考虑，斤斤计较，不仅极力占有自己的东西，还要不讲道理地抢夺其他小朋友的物品。以自我为中心的孩子往往也会伴有孤僻、冷漠、多疑等特点。对于宝宝的言行，父母需要加以正确的引导和教育，不能过分迁就和溺爱。

行动指南

■ 智慧家长如何做?

幼儿阶段是宝宝自我意识发展的高峰期，有些家长会觉得“宝宝慢慢长大，都会知道自己是谁的，自我的发展顺其自然就好”。但其实幼儿早期的自我认知很大一部分依赖于成人的评价，如果在这一阶段父母没有给予孩子适当的评价，则很容易影响孩子以后个性和社会性的发展，也会让宝宝更加困惑“我是谁”。

1. 鼓励孩子独立思考的能力

孩子在自我成长的过程中，必然会遇到困惑，有的家长说，已经上幼儿园的宝宝就好像揣着“十万个为什么”，不停地提问、探索、寻找答案。其实，孩子不断提问和探索的过程，也是他们不断和外界建立联系、促进自我发展的过程。孩子有好奇心是一件好事，爸爸妈妈应该耐心听完孩子的疑问，鼓励孩子表达自己的观点。父母可以不立刻给予孩子答案，而是留给宝宝一定的思索时间，引导孩子自己思考。

幼儿园放学后，孩子们兴冲冲地向爸爸妈妈展示课上做的贴画，智慧的爸爸妈妈会鼓励孩子取得的小成就,但更智慧的爸爸妈妈会意识到,这幅作品中有的部分是老师完成的,有的部分是孩子自己完成的,父母可以询问孩子"哪些是你自己做的?如何做的?"以此帮助孩子更清晰地认识到自己的努力和成就。

2. 鼓励孩子的分享行为

幼儿早期自我发展的典型特征是"自我中心",有些宝宝会因为自己的玩具被其他小朋友玩而生气,有些宝宝经常把"这是我的"挂在嘴边。这是因为,在宝宝的认知里"老师分给我的玩具就是我的,你也该这么认为"。父母切不可直接给孩子贴上"自私"的标签,应该了解这一阶段"自我中心"的产生原因,并给予孩子一定的引导。

父母可以鼓励孩子与同伴互动,周末或休息时间邀请孩子的小伙伴共同游戏,让孩子感受到友谊和分享的快乐。当孩子能够和小伙伴分享玩具、食物或图书时,父母应当及时给予鼓励,强化孩子的分享行为。

3. 帮助孩子建立积极的自我形象

一般在3—4岁的年龄阶段,孩子就已经逐渐形成自我评价的能力,但是在幼儿早期阶段,孩子的自我评价很大程度上依赖于成人的评价。例如,宝宝说出的"我很棒"是因为"老师说我很棒"。随着他们逐渐长大和思维成熟,他们才会逐渐区分自我的评价和他人的评价。

这一阶段,父母对孩子的鼓励至关重要,可以鼓励孩子建立自信心,帮助宝宝建立积极的自我形象。但是,给宝宝盲目过高或过低的评价都是不利于孩子发展的,应该逐渐帮助宝宝看到自己的优势与不足,学会客观评价自我,真正看清"我是谁"。

4. 让孩子在集体活动中增强不同的自我情感体验

幼儿早期是宝宝从家庭环境逐渐向社会环境过渡的重要时期,也是孩子逐渐发展"社会我"的重要阶段,孩子通过与父母、老师、伙伴的交往,来逐渐认识自我。

爸爸妈妈应该鼓励宝宝积极参与到集体活动之中,而不要担心孩子受伤害而过于保护。在集体活动中,宝宝可能会遇到各种情况,也会体验到各种情绪情感,他们可能会因为满足了需求而产生积极肯定的自我体验,也可能因为没有得到满足而产生消极的自我体验。这些自我体验都是孩子自我发展历程中重要的经历,是弥足珍贵的财富。

5. 让孩子在游戏规则中提升自我控制能力

自我的发展包括自我认知、自我体验以及自我控制三个方面,其中自我控制能力关乎孩子的规则意识和道德意识。帮助宝宝提升自我控制能力可以从生活的方方面面入手,例如从小培养孩子的行为规范——自己穿衣、准时睡觉等。

还可以在平时的游戏中明确规则，让宝宝抗拒其他的干扰，学习遵守规则，抗拒诱惑。可以创设一定的情节，让宝宝担任一定的角色，因为这一阶段的孩子十分喜欢角色扮演，这样既能调动宝宝的积极性，还能增强宝宝担任这一角色的责任感和自信心。例如，让孩子担任"哨兵"，在黑暗中充当勇敢者的角色，不准随意走动，不许因害怕而哭泣，以此来训练孩子的自控能力。

自助训练

自我意识的发展是一个持续一生的过程，自我认知也会随着年龄、阅历、社会环境等因素发生变化。这是一个探索的过程，爸爸妈妈切不可急于求成。在幼儿早期阶段帮助宝宝知道"我是谁"，爸爸妈妈应该以适合孩子的方式进行游戏，在与宝宝的游戏中帮助他们建立自我的意识。下面的这些小活动，不妨试一试吧！

■ 活动一：了解"我的身体秘密"

搜集宝宝从小到大的照片，让孩子观察自己的变化，看到"身体自我"也是自我的一部分。并借助卷尺、体重秤等工具，让孩子了解自己的身高和体重，借助绘本或图片帮助孩子了解自己身体的部位。

■ 活动二：了解"我的情绪秘密"

可以在家庭的空白区布置一个白板，让孩子每天把自己的心情用绘画表情或"心情晴雨表"的方式记录下来，爸爸妈妈尝试引导宝宝诉说自己的情绪情感，让宝宝意识到"情绪自我"的部分。

■ 活动三：看看我的自控能力

可以在游戏活动中，让宝宝锻炼自控能力和规则意识。例如"木头人"活动，当听到指令"一二三"后，孩子必须保证立刻停止动作，保持静止，直到下一个指令发出。

专题 12 如何让宝宝认同性别

情景再现

“你在干什么？不要涂妈妈的口红。”洗手间里，当爸爸看到4岁的儿子路路正在神神秘秘地对着镜子“化妆”，一股怒气突然冲上来，伸手夺掉那支口红。“男孩子要有男孩子的样子，不能动妈妈的那些东西，那是女孩子用的。”可是，没过几天，爸爸发现，路路又偷偷地涂妈妈的指甲油。“怎么会这样呢？他是不是心理有点问题，我可不想儿子变成‘小伪娘’。”路路爸爸痛苦地说道。

家长困惑

困惑一：成成是个女孩，成成妈妈怀孕的时候，爷爷奶奶就特别期待儿媳妇生个男孩。虽然最后没能如愿，爷爷奶奶还是很喜欢这个宝宝，并主动要求帮忙带孩子，但是成成妈妈发现，两位老人为宝宝起了个男性化的小名，总是有意无意地把成成当作男孩养，剪短发、穿短裤，跟男孩子在一起疯玩，还时不时地“夸”她：“成成真勇敢，像个男孩子。”

妈妈为成成平时买了漂亮的小裙子和布娃娃，成成对这些丝毫不感兴趣。经常说：“这些都是小女生喜欢的东西，我不要！”

困惑二：“我儿子一点男子汉气概都没有，别人抢他的玩具把他推倒，他只知道大哭。真是气死人了！”

“我儿子特别安静，竟然喜欢妈妈的口红和高跟鞋，这长大了可怎么办呢？”

专家解析

大多数父母都会认为女孩就应该温柔贤惠、知书达理，认为男孩就应该勇敢、霸气、有担当、有责任感。作为家长，都希望孩子的性别特征能够一目了然。2—6 岁正是孩子形成性别认知的敏感期，这个阶段的孩子，如果他们的行为不同于社会认同的性别行为，那么通过父母的引导和培养，孩子会对自己的性别有正确的认知且会按照社会认知的性别特点去成长。这个阶段的孩子，如果没能得到正确的认同和引导，就很容易出现性别认同障碍，为长大后的自我性别认同埋下隐患。那么父母如何做好孩子的性别认同教育呢？

幼儿性别概念的发展包括三个阶段，即性别认同、性别稳定和性别恒常。性别认同是幼儿对自己和他人的性别的正确认定、理解和标识。

在进行性别认同所依据的线索方面，幼儿往往依据头发的长短，服装的颜色和款式来确认性别。幼儿似乎对生殖器官以及身体的轮廓没那么关注，幼儿的性别认同的发展影响其性别行为。

大多数研究认为，幼儿的性别认同出现的时间在 1 岁半到 2 岁。也有研究显示小班幼儿(2 岁半到 3 岁)几乎都能够正确说出自己是男孩还是女孩。

一项研究向 2 到 3 岁的幼儿提供一些性别化的洋娃娃和杂志的图片，要求幼儿按性别把这些图片进行分类。同时问幼儿自己的性别是什么，与这些图片是否一样。然后给每一位被试幼儿拍摄一张快照，让其把快照添加到已经分类的图片中。最后把两张中性物品的图片(如苹果)分别标上“好”或者“坏”，或者标上“给男孩”或者“给女孩”，让他们从中选一个带回家。在该研究中，研究者把被试者正确猜中的概率小于 50% 这一水平看做是缺少性别认同的表现；把 75% 的正确反应率看做是幼儿能够理解和使用性别标签，而另外一些却不能。研究结果表明大部分幼儿能够正确使用性别标签。

心理学认为，6 岁之前是性别概念形成的重要时期。孩子如果能够顺利地度过这一时期，将会形成良好的性别角色意识，为青春期的性心理健康打下良好的基础。

行动指南

■ 智慧家长如何做？

在日常生活中，家长应该如何做，才能很好地培养孩子的性别认同呢？

1. 父母要正确对待孩子的性别，穿衣打扮要合乎常规

在正常情况下，儿童是以确定的性别身份进入这个世界的。从他们一出世，父母便开始以与性别相适应的特定方式来对待他们，如姓名、服饰、玩具，乃至行为要求、生活方式、道德准则等。生活中有一些父母喜欢给孩子穿相反性别的衣服，或者把女孩当男孩养，把男孩当女孩养。研究表明，如果父母把女孩当男孩养，给男孩梳小辫、穿裙子，可能会造成孩子心理性别混乱。

2. 选择恰当的时机培养孩子的性别意识

家长在对孩子进行性别认同教育时，更应该选择恰当的时机。比如洗澡的时候，同性父 / 母可以让孩子通过镜子观察自己的身体，告诉孩子哪些器官是女孩的，哪些器官是男孩的，哪些器官是个人的私密部位，这些私密部位是不能让别人乱摸的，当然也不能随便乱碰别人的私密部位。

孩子进入集体生活之后，就必须逐步强化男女有别这方面的知识。避免让孩子经常和父母同床而眠。在有性别区分的场合，如公共厕所、公共浴室、换衣间等地方，男孩子尽量让爸爸照顾，女孩子尽量让妈妈陪同，这样才不至于让宝宝产生性别混乱，同时也能更及时地让宝宝达成性别认同。

3. 用确定、肯定的语气和态度引导孩子的性别意识

家长千万不要觉得对学龄前儿童进行性别意识的引导为时尚早，当孩子出现相关的问题时，如果用一些善意的谎言去糊弄他，就很容易对孩子形成性误导。一定要对他的问题给出科学的答案，这正是性启蒙教育的最佳时机。

无论父亲还是母亲，都要给孩子一个对其性别认同的肯定反馈，这种来自父母的肯定反馈，可以使孩子获得充分展现自己性别特质的力量。这个年龄段的孩子，父母要经常通过赞赏孩子的性别使孩子获得性别的确认，比如："儿子，你真勇敢。""儿子，你像爸爸一样是个大力士。""我的宝贝女儿，你就是我的小公主。""我的小公主，你真的很细心。"这样被赏识的孩子，男孩长大后会阳刚之气十足，女孩长大后会尽显温柔之美。

4. 双亲要扮演好各自角色，出现缺失要及时补位

在大部分家庭中，一般都是母亲承担着育儿的责任，母亲和孩子在一起的时间远远长于父亲，父亲很少参与家庭活动。这会让孩子缺失在父亲角色上的模仿对象。其实孩子是在 0—3 岁最需要母亲，之后父亲的影响力都是高于母亲的。父亲的缺位，抑或家庭中母亲强悍，孩子耳濡目染，会变得懦弱、依赖性强，性别异化。

以单亲家庭中的母子关系为例，如果是母子两人相处时间较长，儿子缺少榜样人物，会形成男生心理趋同女性化，在与人相处时表现出女性化。所以，单亲家庭的孩子，如果条件允许的话，最好是跟随父亲或者母亲回归其原生家庭，借助爷爷奶奶或者外公外婆这些"外援"的力量，让孩子有榜样可

参考。

5. 即使孩子的举动过分，也不要过分苛责

幼儿阶段的孩子，即使出现了举动过分的情况，家长也绝对不能表现出异常的表情，更不应该训斥孩子，而是应该心平气和地向孩子说明道理。

6. 足够的爱抚、感情和安全感必不可少

在幼儿阶段，孩子对父母是相当依恋的。父母对孩子的爱抚、拥抱等行为，正是孩子所渴望的肌肤上的接触，这对孩子成年后与他人的密切交往有着正面作用。幼年期很少获得与父母身体接触的人，往往没有足够的安全感，成年后人际关系就有可能不和谐。

自助训练

活动一：他/她是谁

活动目标：通过游戏，让孩子有正确的性别认知。

活动准备：a 男孩照片、b 女孩照片。

活动场地：家庭。

参与成员：爸爸、妈妈、孩子。

活动过程：

(1) 问孩子你是男孩儿还是女孩儿？为什么？
拿出照片 a、b，让孩子说出照片中人物的性别，并问为什么。

(2) 拿出照片 a、b，问孩子一个问题，谁长大会成为爸爸，谁长大会成为妈妈？为什么？

(3) 拿出照片 a，如果这个小朋友想成为一个女孩，他能吗，为什么？
当这个小朋友穿了女孩的衣服，他是男孩还是女孩，为什么？
当这个小朋友理了女孩的发型，他是男孩还是女孩，为什么？

(4) 拿出照片 b，如果这个小朋友想成为一个男孩，她能吗，为什么？
当这个小朋友穿了男孩的衣服，她是男孩还是女孩，为什么？
当这个小朋友理了男孩的发型，她是男孩还是女孩，为什么？

(5) 亲子讨论：男性有哪些特征？女性有哪些特征？

■ 活动二:我的穿着我搭配

活动目标:通过服装的搭配,使宝宝了解男孩与女孩衣着上的差异,根据自己的性别选择自己喜欢的衣着。

活动准备:打印一些男孩女孩的服装图片,各种颜色和款式可以多准备一些。

活动过程:可以设置一些情景,比如参加亲戚的婚礼、爬山、游泳等,同时也可以设置不同的季节,让宝宝从众多的图片中选择自己喜欢的搭配。在这个过程中家长可以引导孩子,女孩或男孩在衣着上应该有什么区别,在颜色上也应该有一些选择上的区别等。

专题 13　如何培养文明懂礼的宝宝

情景再现

4 岁的小齐与小朋友们玩耍时很容易就争执起来，总是喜欢抢玩具，很少与小朋友们商量着来。在游戏比赛中，如果觉得自己快要落后了，就不再遵守游戏规则。当其他人指出来时，他会非常生气。在幼儿园最近一次的接力跑比赛中，就因为前一个小朋友跑得慢了，小齐见自己班级快输了，大声骂这个小朋友是“笨蛋”，而且在跑步的过程中推搡其他班级的小朋友。

最终小齐受到了老师严厉的批评，但他好像仍然不知道自己错在哪里了，他觉得非常生气和委屈，因为他认为自己在为班级争光。

家长困惑

困惑一：面对“熊孩子”，我真的无能为力，真的不想管了。

我教给了孩子很多规则，但似乎收效甚微。

我跟孩子说了不要说脏话、要遵守班级行为规则，孩子每次都答应得好好的，但是一到行动中，还是破坏各种规则，不讲道理，更谈不上礼貌待人。

我们已经被老师、小朋友家长、小朋友投诉了很多次，说孩子不讲道理不遵守规则。

对他打骂教育都没用，我们现在也不知道该怎么办。

其实我们偶尔也挺欣赏孩子的勇敢和“厉害”，小男孩就是应该“厉害”一些，才不容易被欺负。也不知道我们这样想对不对。

困惑二:似乎“懂礼”的宝宝更容易“吃亏”,为什么要强调“懂礼”呢?在“文明懂礼”的背后,到底有哪些心理学的意义,为什么要提倡呢?

专家解析

■ 为什么要培养宝宝文明懂礼?

一、帮助宝宝了解社会规范,就是在帮助宝宝“社会化”

社会化是指在一定的社会环境中,个体形成适应于该社会文化的人格,掌握该社会公认的行为方式。社会化的过程,也是人逐步适应社会、获得社会认可的过程。在不同的文化底蕴中,有不同的社会文化,也有不同的社会规则,教导幼儿学习、了解社会规范是第一步。

二、宝宝如果了解和接受了社会规范,就会形成自己的行为准则

知道哪些行为是正当的、合法的、美的、善的,哪些行为是不正当的、非法的、丑的、恶的,使宝宝自己能作出正确的行为选择,并且对别人的行为作出正确的评价。中班阶段的宝宝正是其道德感形成的敏感时期,也正处于重要的“服从阶段”。班级就是一个小社会,班级中的各种规则就是小小的社会规范。教宝宝学会社会规范行为是一件特别重要的事情。也许有的家长觉得,不遵守普遍的规范似乎会让孩子更加“厉害”、不被欺负。但这会让宝宝失去为其“社会化”做好准备的基础,造成其以后社会适应不良。

三、有助于形成稳定的自我认同

在幼儿阶段,宝宝如果没有学会文明懂礼、遵守规范,则很难在之后形成是非对错标准,无法形成稳定的自我认同,造成社会适应不良,很难获得良性的人际关系,影响其之后的工作生活,更甚者可能形成反社会人格。

需要注意的是,在帮助宝宝认同这些文明礼仪的过程中,尤其是当宝宝出现无礼行为的时候,要了解宝宝出现这些行为背后的想法。比如面对一个不听话的“熊孩子”时,他的“无礼”行为背后,可能有以下几个原因:

(1) 我要达到目的,这才是最重要的,礼貌之类的事情阻碍了我达到目的,所以它们不应该存在。

(2) 爸爸妈妈告诉过我,如果我不“厉害”一点,就容易被欺负。

(3) 我听到周围大人在平时说话或者生气时也是用的这些词语,为什么我学着他们说,就变成了不文明语言呢?

(4) 我也很想遵守班级规范，当一个老师、家长都喜欢的好孩子，但是一遇到事情我就控制不住自己的情绪和行为。

(5) 为什么大人总是批评我？为什么小朋友都不喜欢我？我做错什么了？我弄不懂他们的那些规范。

通过以上分析可以发现，宝宝"无礼"行为的背后，有性格特点、家庭教育、心理品质等多方面的原因。在引导孩子文明懂礼之前，家长首先要了解孩子行为背后的原因，这样才能有方向、有方法地对孩子进行社会规范行为的培养。

行动指南

■ 智慧家长如何做？

"讲文明，懂礼仪"自古以来就是中华民族的传统美德，随着社会的进步，礼仪在我们生活中起到的正面作用越来越大，孩童时代又是思想品德教育的启蒙时期，因此，应该培养孩子文明懂礼的好品质。

请家长针对自己孩子的实际情况，采用科学合理的方法培养文明懂礼的宝宝。

1. 做好榜样，自己成为社会规范的履行者

心理学研究表明，那些生活在父母本人就是良好榜样的家庭中的孩子，很少出现不良行为和不良人格。在对生活目标的追求上，他们会尽量模仿父母，尝试用父母的方式处理问题，能够乐观地对待挫折，自制力强，社会适应较好。孩子身边对他影响最大的就是父母，因此父母成为孩子模仿的榜样。父母的人格、信仰、价值观、行为方式等，都有可能是孩子学习的内容。父母的言行举止符合社会规范，就有利于孩子了解和掌握社会规范。

很多家长已经很注重自己在孩子面前的"形象管理"了，比如用语文明、用餐文明，尊重家中的长辈。所谓言传身教，这确实是一个帮助孩子文明懂礼的重要方法。

但家长也需要思考，这样的"言传身教"是自己在孩子面前"扮演"出来的形象，还是自己的真实形象呢？在情绪激动或者思想松懈的时候，是不是会有一些不文明的口头用语，或者出现对社会规范的鄙视态度和轻视行为呢？比如告诉孩子应该遵守道路安全规则，红灯停。但在自己过马路或者带着孩子过马路时，却仍然是"看车不看灯"。当孩子提出应该"红灯停"时，很多家长可能会说"对，以后你自己过马路一定要'红灯停'。但刚才没什么车，所以我看也能过马路"。其实，家长的这种"言行不一致"已经给孩子带来了一些困惑，久而久之，孩子会产生这样的一个观念，即"规则是可以打破的"。因此在孩子"需要"的时

候,他就能为了自己的目的打破规则规范。

由此可见,家长时刻提醒自己成为社会规范的履行者,才有可能教育出真正文明懂礼的孩子。

2. 理解孩子的担忧,强调规范是保障安全的最佳方式

随着幼儿升班,进入中班以后孩子的发育情况不太相同。确实有的家长和孩子潜意识里会担心受欺负,因此想在行为上表现得“厉害”一些,比如做一些大家“不敢”做的事情、一些与众不同的事情、一些展现自己力量的事情,显得自己很“厉害”。当孩子因为这些潜意识的顾虑而出现不文明懂礼、不遵守社会规范的行为时,家长不要一上来就批评教育,这样反而会加深孩子的不安全感。

首先需要了解孩子的具体想法、情绪,安抚孩子,让他感到自己受保护、自己是安全的。

然后,通过一些故事、案例、游戏,让孩子体会到,只有在大家都遵守规范的时候,才能顺利地进行各种团体活动,获得大家的信任和支持,在人际关系中才能获得真正的“安全”。

最后,要教育孩子,在遇到特殊情况或者受欺负、感受到威胁时,可以使用规则来保护自己,比如告诉老师、大声制止、远离威胁、求助他人等。要让孩子感受到,规则也是可以用来保护自己的。

自助训练

■ 活动一:情景剧演出

家长与孩子共同回忆生活中见过的文明行为,并一起讨论自己对文明行为的了解,然后家长和孩子设计一系列有关“文明懂礼”的情景剧。可以根据不同主题、不同场景来设计不同的情节,还可以和孩子一起动手制作一些有趣的道具。共同讨论情节,设计角色,一同参演。通过“剧情讨论”和“扮演角色”这样的行为,在游戏中深化孩子对社会规范的切身体会。

	情景剧名称	生活中的场景	情节	道具	角色分配	演出时间
第一集	交通安全伴我行					
第二集	不抢不夺好朋友					
第三集	文明友好小使者					
……	……					

■ **活动二：家长来表扬，孩子画心情**

每天在幼儿园、其他公共场合中，孩子总会有文明懂礼的时刻，很多时候家长觉得这都是应该的。为了鼓励孩子文明懂礼行为，需要给予孩子更多的肯定和鼓励。因此，每当孩子出现遵守社会规范的文明懂礼行为时，请家长及时表扬、鼓励孩子，然后与孩子一起回顾他为什么受表扬了，拥抱孩子，并且让孩子用画画的方式表达他此刻的心情。

当孩子能够表达此刻的感受时，说明他已经感受到了文明懂礼带来的美好。因此，文明懂礼不再只是一个外在的要求，而是他主动要追求的内在需要。

■ **活动三：文明家庭成员评选活动**

邀请孩子一起参与"文明家庭成员评选活动"，孩子和家长一起制订家庭文明规范，每天彼此监督和提醒对方，并且成员之间可以发现彼此的"文明点"，为之加分。通过这种督促和竞赛的形式，提升孩子对文明行为的敏感度和注意力。

文明家庭成员评选表格

参选人员姓名	加分项（每项加一分）	分数	提醒他人项（每项加一分）	分数

专题 14　应该让宝宝学“孔融让梨”吗

情景再现

周日，妈妈带着泡泡去公园玩她最喜欢的秋千。秋千太受欢迎了，等了半个小时，终于轮到泡泡了。她兴奋地翻身而上，尝试各种花式玩法。没过多久来了一个两岁出头的小姑娘，一看秋千眼睛就亮了，哭闹着一定要往秋千上爬。泡泡妈在一旁引导泡泡：“在幼儿园是不是刚学了‘孔融让梨’的故事？你看小妹妹都着急哭了，你下来让她玩一会儿吧！”泡泡委屈地下来，让给哭闹的小妹妹玩儿。但泡泡一直闷闷不乐，过一会儿终于憋不住伤心大哭：“为什么秋千要让给她！我等了那么久，凭什么要让给她？”泡泡妈说：“你是姐姐嘛，你看孔融那么小的时候都知道要把好东西分享给别人，我们也应该学会分享。等妹妹玩一会儿了，你就接着玩……”

家长困惑

困惑一：宝宝“让梨”之后心里难受，是不是因为太小气？

我最希望孩子长大后成为一个豁达、善良、乐观的人，能对别人和社会作出自己的贡献，所以我教宝宝要学习孔融让梨，但是每次他都会特别不乐意、不情愿。看到他那种情绪，我特别担心宝宝是一个小气的、自私的、以自我为中心的人，不懂得分享，且非常小心眼。这种“让梨”后的不满，是说明宝宝太小气吗？我该怎么看待和教育呢？

困惑二：到底应该如何培养孩子的分享能力呢？

我很想培养孩子与人分享的能力，这样他长大了能够更好地在社会中与别人进行合作、沟通。可是他好像特别在意自己的东西，特别不愿意别人拿走自己的物品。我应该如何培养他的分享能力呢？

专家解析

■ 宝宝乐于分享的意义

在儿童早期发展中，分享与合作能力是儿童重要的社会技能。曾经有研究者让不同年龄的儿童看一套连环画，故事中的主人公需要一定的帮助，明显年龄大的儿童更愿意提供帮助。儿童的分享意愿会随着年龄的增长而增加。

但如果是家长或老师硬性要求孩子学习“孔融让梨”，会给孩子带来什么影响呢？心理学家认为 4—5 岁的儿童处于情感的敏感期，如果父母对儿童施加过高的要求，儿童就可能体验到失败，产生罪恶感。孩子可能会因为懂得“谦让、分享能赢得爸爸妈妈的称赞”，从而做出违背自己意愿的行为。如果家长这时不了解孩子心里真实想法，一味要求他们学习“孔融让梨”，只会让孩子感到委屈与难受。

如果“一刀切”地总是搬出“孔融让梨”的故事要求孩子，那么不但不会培养出他们的分享、合作精神，反而扼杀了他们的想法，否定了他们的真实感受，让他们或者压抑自我，或者对社会的伦理道德产生不信任和反抗。

在幼儿园阶段，孩子正在发展物权和所有权意识，正处于通过对物品的掌控和操作自由来体会自我力量的阶段。培养分享能力不能过快、强求，因为对于还处于“自我中心”阶段的孩子来说，强迫分享会带来不舍、犹豫、挣扎、忍耐、克制等复杂情绪。所以家长要学会在要求孩子分享之前，要使他有足够的时间欣赏、玩耍自己的玩具，维护孩子的所有权意识，这才是培养分享的基础。

行动指南

■ 智慧家长如何做？

真正的分享、合作，是不能像教知识一样通过口授和训练来教会孩子的，因为没有情感基础的、干巴巴的道德信条，很容易成为压制人本性的工具。分享与合作是人的本性，但“水满才能溢”。当我们看到别人做了善事，或者自己成了善事的受惠方，就会自然产生愿望去帮助别人，或者让自己变得更好。这种内心获得美好的感受，才是道德传递的基础。

1. 让孩子感受到，交换也是分享

邀请其他孩子一起玩时，可以和其他家长约好，各自带一些玩具或者书籍。在孩子们玩耍的过程中，自然会出现交换玩具或者书籍的行为。孩子能很愉快地体验到,交换也是分享,分享是一种美好的体验。让孩子对分享充满向往和期待。

2. 在理解的前提下鼓励孩子分享

当孩子不愿意分享和合作,更愿意独自活动、享受时,可以对孩子表示理解,将“你怎么都不肯给人家玩玩具呢?真小气”换成“宝贝很喜欢这个玩具对不对”,然后试着问孩子为什么不愿意分享,内心是怎么想的,有什么解决的方法。还可以告诉他有时候一起玩更有趣,有时候交换玩具可以获得不一样的好玩的东西,以此来鼓励他迈开分享的第一步。

3. 适时启发孩子

在生活中,孩子常会做出穿妈妈的高跟鞋、戴爸爸的手表等模仿大人的行为。可以在孩子玩得正兴奋的时候,及时地启发他:“这些都是爸爸妈妈的东西,爸爸妈妈愿意和你分享,你愿意给爸爸妈妈分享你的东西吗?拿你最喜欢的玩具让我们玩一会儿好吗?”让孩子体会分享的快乐,同时体验到分享是相互的。

4. 关注孩子真实想法,不做“道德绑架”

孩子成为怎样的人,关键在于父母平时的引导。当孩子没有做出家长期待的行为时,家长一定要耐心地询问孩子的真实想法,并通过故事、游戏等方式做进一步的引导。不简单定义孩子,更不因此否定孩子的道德水平。

5. 分享之前学会分配

平时家长买回来水果、糕点,首先让孩子来进行分配,观察孩子能否分配合理;并且在平时家庭生活中,养成大家一起分享好吃的食物、不吃独食的好习惯;引导孩子把好吃的分享给父母,而不是“家长吃鱼骨头,孩子吃鱼肉”。再比如,爸爸妈妈与孩子过一样的生日,家长给孩子操办生日活动,孩子也要为家长过生日表达心意、准备礼物,体会一家人分享快乐的亲情。

自助训练

■ 活动一:有借有还

可以引导孩子与好朋友之间互相借玩具、书本、玩偶等,引导孩子们讨论借、还的日期和规则。让孩子明白,借走的东西是会还回来的。

可以在家庭中进行比较简单的操作,例如征得孩子的同意后,向他借一下某个玩具,几分钟之后还给他,同时表扬他的大方。也可以反过来,让孩子从你那儿借走某样东西,一会儿之后再去要回来,同时也不忘表扬他能及时还,这就是分享的开始。

在有借有还的行为中,如果孩子能以平和的情绪分享或者借出玩具,或是表现大方,就及时给予鼓励。

■ **活动二:组织团队游戏**

可以组织一些孩子之间的团队活动,让孩子多跟别的小伙伴玩乐,在游戏中看到别人的优点,感受别人的价值,体验到合作的意义。例如老鹰捉小鸡、扔沙包、拍皮球等,当孩子在游戏中表现出帮助他人、团结合作、乐于分享等行为时,及时鼓励孩子,强化他们这些行为,如:“你真是一个善于合作的小朋友!”“你真是一个乐于分享的小朋友!”

■ **活动三:分享亲子作品**

与孩子一起做一些手工活动,例如折纸、烘焙蛋糕等。然后将这些亲子作品拍照留念,一起品尝亲自做的美食,欣赏亲手做的作品。当孩子享受美味或折纸的乐趣时,可以鼓励孩子将自己的“作品”送给好朋友或者幼儿园的同学、老师,让孩子体验成就感的同时,也能分享自己的成就,获得更大的满足。

■ **活动四:团队合作小游戏**

做游戏是儿童最好的体验方式。为了让幼儿能更深刻地了解合作的意义,可以设计适合不同年龄阶段、身体发育特点幼儿的小游戏。例如集体运球游戏,即让幼儿在手不碰到球的情况下,将 A4 纸卷成 U 型管,使乒乓球通过 U 型纸管传给下一位同学,最终将球运送到终点。这个游戏非常考验孩子们合作的配合度和默契程度。还比如“两人三足”,也能非常好地培养孩子们团结一致的精神。类似的游戏家长们也可以自行设计。

专题15　宝宝“打人”和“被打”怎么办

情景再现

在幼儿园中班有这样一名小男孩，上课经常会跑出教室玩滑梯，对于老师的话充耳不闻，即便是在教室里也是上蹿下跳。当他与其他小朋友发生矛盾时，他就会采取捶打、抓脸、推搡等方式，用力地攻击对方。有时在没有任何外界因素的影响下，他也会去“没事找事”，致使别的孩子受到他的攻击。而被打的孩子有的会打回去，跟小男孩开始打架，有的则赶紧跑开，还有些孩子原地不动哇哇大哭。小男孩的这些行为让带班老师头疼不已，深受其扰，小男孩受到了很多家长的投诉。小男孩在班里也逐渐没有了朋友。

家长困惑

困惑一：我的宝宝如果被别人打了，我除了安抚宝宝，还要注意什么？

这个问题困扰了我很久，家长之间也会经常讨论。宝宝被打，我特别心疼，除了不断地安抚他，教给他一些自我保护的方法，我还能做什么？宝宝被打后情绪好像很不稳定，我该怎么帮助他？

困惑二：我该怎么理解和解读宝宝的“打人”行为呢？这是一种暴力倾向，还是孩子不懂交往表达呢？我既不想孩子被欺负，当然也不想孩子去欺负别人。如果我要教育，应该从哪些方面入手呢？

专家解析

无论是“打人”还是“被打”，都很可能是宝宝交往表达能力欠缺造成的，而

"冲突"是孩子学习社会规则的宝贵机会。

如何应对孩子之间的小摩擦

一项针对儿童社交关系的心理学研究发现，那些具有攻击性、不合群的小朋友一直都是被其他孩子排斥的对象，长大了也如此。心理学家指出，同伴对儿童的社交发展起到了至关重要的作用。孩子在与同伴交往过程中，是否受欢迎、是否被忽略，或是否被排斥、是否占一定地位，这些都直接影响孩子成年后的社交发展情况。动手打人的孩子，小时候不容易有好人缘，长大后依然无法受到同伴的关注。

一、宝宝打人行为背后的可能原因

孩子四五岁时，已经开始用自己的方式面对人际冲突，是积极沟通还是吵架、动手，这些取决于孩子对自己肢体动作的控制、情绪的控制和其社交规则意识的强弱。以下是宝宝在打人时的几种常见动机：

(1) 我不知道自己心里是怎么想的，就是看见他很讨厌，想打他。

(2) 我觉得打别人时心里非常痛快，你看我多厉害啊！

(3) 我很想跟这个小朋友玩，但是他总不理我，我只是拉住他、拍拍他而已。

(4) 他好像要打我，爸妈说了不能被欺负，男孩就是要勇敢。

(5) 我觉得她走得太慢了，挡我的道了，我只是想把她推开而已。

(6) 爸爸妈妈也经常打架啊，打人不是很正常的一件事情吗？

因此，当自己家的宝宝出现打人行为时，需要家长及时引导。首先区分孩子打人行为的背后原因，然后使用针对性的方法引导孩子，促进孩子的交往表达能力发展。

大多数打人的孩子其实是希望通过打人的行为来获取同伴的关注和友谊，但这种行为只会把小伙伴们越推越远。因此，每一个难以自控、甚至有"暴力"倾向的孩子，都将在很长的一段时间里，受到人际关系的困扰。

二、宝宝被别人打以后，可能会出现的心理和行为问题

(1) 四五岁的宝宝还不能理解他人的想法和动机。因此在被打以后，会以自己为中心进行解释，比如是不是宝宝自己做得不对了，或者外在世界好可怕，我要赶快躲起来。所以如果宝宝被同伴打了，家长除了安慰宝宝的情绪，也要询问宝宝对同伴行为的看法。

(2) 四五岁的宝宝还不能很好地表达自己的情绪，可能有委屈、害怕、愤怒、疑惑等情绪，但是他们无法将情绪区分出来和命名，所以情绪很容易堵在心里。宝宝被打后，如果自己没能对事件有合理解释、没有得到成人的情绪引导，很容易产生大哭不止、回避躲闪、害怕他人、不自信等不良反应。因此，家长要在安

慰宝宝情绪的同时,还要引导宝宝表达他感受到了什么,用具体的情绪名词表达出来。

行动指南

■ 智慧家长如何做?

1. 不要害怕孩子之间的冲突

通过和同伴在游戏中产生的冲突,孩子会不断尝试和调整自己的行为,最终形成和他人的相处模式。如果孩子发现自己打人的后果是小伙伴疏远了他,那么在家长的引导下,他可能会尝试用谈判、协商解决问题。反复比较结果之后,孩子会慢慢学习和认同良好的社交方式。

所以只要家长有效干预,耐心鼓励孩子寻找和睦解决冲突的方法,就能帮助孩子提高社交技能。家长们需要针对自己孩子的实际情况采用科学合理的解决方法。

2. 教会孩子用合适的行为表达想法

不同的宝宝很有可能语言思维发展水平不同,有的孩子可能无法表达喜欢,只会通过"打"的方式来表达。此时家长可以正向引导,告诉孩子一些交往表达的方法,例如想和别人玩,可以和她拉拉手,这样做就是好朋友,如果"打"了,就不是好朋友,也就不会一起玩了。遇到问题,有话好好说。你可以说:"不许抢我的玩具,这是我的东西。"也可以说:"我先玩,过一会儿给你。"还可以说:"我们交换玩。"给孩子多种表达选择,教孩子正确地表达交往意愿。

如果家长只是带着情绪批评孩子不许打人,并没有告诉孩子正确的方法,孩子下次再遇到类似情况,仍然只会习惯性地"打"。

3. 教会孩子表达情绪

孩子着急时可能会打或咬人,那不是因为他凶狠,而是因为他不会表达情绪,只能用行动来发泄。这时,家长需要帮助孩子确认自己的感受,并且表达出来。例如:"你刚咬了那个小朋友,他很疼,你是希望这样吗? 你为什么这么做呢? "家长可以进一步引导孩子,"嘴巴不是用来咬人的,是用来吃东西和说话的""你是不是当时觉得很生气? 很难过? "帮助孩子学会用词语来描述自己的情绪。"你可以把你的情绪告诉小朋友,然后提出你的要求。"给孩子一些交往表达的建议。孩子学会情绪表达之后,就会减少用肢体来表达情绪了。

4. 及时制止打人行为

在有些家庭,当孩子使劲拍打老人的时候,由于隔代亲,老人都会特别高兴地夸孩子真有劲儿。如果对孩子打人的事给予肯定和鼓励,那孩子必然会持续地打人,所以有必要统一家庭教育理念,避免给孩子造成规则混乱感。

针对孩子明显不友好地打人，家长要坚定而平静地告诉孩子：“不可以打人。”但是也不能只是粗暴制止。可以首先帮助他疏导和表达不良情绪，再教给孩子正确的做法，在当时情景下教育孩子良好的社交规则。当然孩子不会马上就领悟，需要家长保持十足的耐心，因为宝宝必须积累足够的经验才能掌握良好的社交技巧，他们也需要到达一定的年龄才能够理解他人的感受。

5. 注重对孩子的教育方式

有研究表明，真正具有暴力、攻击倾向的孩子的父母往往具有以下特点：

（1）专制：对孩子情感冷漠、非常严厉，经常对孩子进行体罚或责骂。

（2）纵容：不管教孩子，甚至鼓励孩子“打人”行为，认为他们很勇猛。

（3）忽视：对孩子不闻不问，只有当孩子犯错时才会注意到孩子。

（4）示范不良冲突处理模式：家庭成员冷热暴力、言语攻击等，不当处理与他人的矛盾，都会导致孩子产生更多的暴力倾向，因为父母给孩子示范了应对冲突的不良处理模式，孩子除了暴力行为，没有学习到更多处理冲突的正确方法。

预防攻击行为最好的办法就是在孩子处于幼儿期和学前期，给他提供稳定、安全的家庭生活，以及稳定的、充满爱的管教和全天候的照料。

6. 教给孩子各种自我保护方式

如果孩子正面临被打，家长可以用鼓励的眼神关注他、支持他，使他产生面对逆境的自信和勇气；同时观察孩子在当下的反应，确定之后的教育方法。如果孩子跑到家长身边寻求保护和安慰，不要批评他胆小，要及时表达关爱和保护，并且告诉孩子那些有暴力行为的小朋友做错了。同时，可以教给孩子通过严肃的言辞反抗别人，比如大声呵斥“打人是不对的”“不许打人”等。如果对方继续打或者抓住自己，可按住对方的手，把对方的手从自己的身上拿开，并迅速离开，确保不会受到进一步的伤害。如果对方继续追打或者场面不可控，应立即寻求身边成年人的保护，比如寻求老师、家长，或者管理员的保护。

最重要的一点，要告诉孩子不管在外面遭遇了什么事情，都一定要告诉家长。家在任何时候都是可以依赖的港湾，让孩子感受到父母的理解、安慰和包容。

自助训练

■ **活动一：面对暴力的模拟训练**

孩子被打以后，教他还击并不是最佳或者是唯一的方式，语言警告或求助往往更有效。相对而言，教孩子学会大声说“不许欺负人”比教孩子“打回去”要更容易、更安全。

平时生活中的练习很重要。家长可以带着孩子,对着镜子练习怎么站更显得自信,怎么说才能应对欺负他的小伙伴,探讨在不同情形下,受到欺负了都可以找谁。每一种情形,都带着孩子反复练习。

可以和孩子一起写下:

在教室受欺负,可以大声说________,可以做________,还可以找________帮忙。

跟小朋友在户外玩耍时被欺负,可以大声说________,可以做________,还可以找________帮忙。

在________情况下,可以大声说________,可以做________,还可以找________帮忙。

■ 活动二:影视互动中探讨交往表达

陪孩子一起观看动画片或儿童电影,引导孩子观察和思考,主人公们在面对自己的情绪、想要达到自己的目的时,是如何进行表达的,哪些行为可以学习,哪些行为是不对的,后来造成了什么样的结果。在故事情节中,体验和思考真实的生活情景中可以学习的交往表达方式,帮助孩子将抽象的交往方法转换为生动形象的画面。

■ 活动三:创造小朋友们团体活动的机会

平时多带孩子参加集体活动,尤其是一些竞争或者需要合作的集体活动。在集体活动中,孩子能身临其境地面对各种人际交往的情况,遇到各种交往表达的挑战。比如在需要合作时,孩子学会表达寻求他人帮助,学会表达想和谁一组;在竞争中,孩子学会面对冲突和挫折。这也是在检验孩子面对冲突、面对需求、面对不同类型的同伴时,是否有足够的交往表达能力。

专题16　如何让宝宝学会等待

情景再现

东东总是迫不及待地想得到自己喜欢的东西。这不,妈妈带着东东去超市买西瓜,刚在收银台结了账,东东就嚷着要吃。妈妈给东东讲道理,说回家以后就能吃了,现在妈妈手里没有切西瓜的刀,而且在路上吃也不卫生。可是东东就是听不进去,他大声喊叫着:"我就要现在吃,我不要回家才吃!"甚至东东拿出自己的"杀手锏",直接躺地上不走了,妈妈急得满头大汗。妈妈总是跟邻居们说:"我家东东是个急性子,随我了!"

家长困惑

困惑一:宝宝无法等待,如何培养宝宝的延迟满足能力,提高自控力?

我听说过"棉花糖实验",我也很想培养宝宝延迟满足的能力。可是宝宝在实际生活中很难控制自己的欲望,总是希望能及时满足,无法等待。比如宝宝在商场遇到很喜欢的东西,我是不是要让他多"等待"一下,延迟满足他的这种渴望?但是当我劝说他等到他过生日或者做到了某某事情以后,就可以买,他就特别闷闷不乐或者大哭大闹。

困惑二:是不是什么事情都要学会等待才有助于提高延迟满足能力呢?

我到底应该如何做,才能真正帮助宝宝提高等待的能力,提高他的自控力,使宝宝获得一个更易成功的未来呢?

专家解析

关于儿童自控力的发展,心理学研究中有很多实验,著名的“棉花糖实验”可能最为大家所熟知了。这个实验由4岁左右的孩子参加,实验开始时,每个孩子面前都摆着一块棉花糖。孩子们可以马上吃掉这块棉花糖,但是假如能等待一会儿(15分钟)再吃,那么就能得到第二块棉花糖。结果,有些孩子马上把糖吃掉了,有些等了一会儿也吃掉了,有些等待了足够长的时间,得到了第二块棉花糖。在18年之后,跟踪调查发现,当年“能够等待更长时间”的孩子,即当年“自我延迟满足”能力强的孩子,在以后的学习和工作中表现更出色。因此,我们都希望自己的宝宝是一个自控力强的孩子。

一、宝宝为什么自控力差

孩子自控力差有许多原因,例如外部世界诱惑太多,没有形成有始有终的好习惯,还没有为目标而努力的精神,情绪调节能力不强。更重要的是,中班幼儿的中枢神经系统发育还不十分成熟,大脑额叶发展还不完善。

因此,对于孩子自控力的培养,也不应过于极端,否则容易走入误区。比如家长对孩子“迫切想要”的持续否定,会让孩子认为马上得到“迫切想要”的东西是不对的、羞耻的。这会不断打击孩子的自尊与自信,严重者会导致孩子以后不能清晰感知自我需求。同时,在孩子的自控力培育过程中,父母的过度控制很可能会破坏孩子自控力的发展,导致孩子成年以后有“报复性”的反弹。刻意的延迟满足将是一种精神上的“穷养”,它让孩子内心永远匮乏,欲望永无止境,真正变得很难被满足。其实,真正的延迟满足能力,来源于对需求满足的确定。

二、培养自控力的重要性

延迟满足指的是一种人对获得自己想要的东西时能够等待的能力。在心理学上,经常和自我控制等同。培养延迟满足的能力,也就是培养孩子的自控力,包括对欲望能够克制,能够学会等待。

三、延迟满足绝不是单纯地“等待”,也不是一味地压制欲望

延迟满足是指人能够明确目标,很清楚自己想要的是什么,并因此能够克服当下的困境,力求获得长远利益,所以并不是什么事情都要延迟满足。真正的“延迟满足”,应该是“自我延迟满足”,而不是被“延迟满足”。“自我延迟满足”往往来自孩子的“满足”,而不是家长刻意为之的“不去满足”。其实,孩子是极易被满足的。当孩子的心理需求被重视,能够开开心心过好、享受当下,他就不

会是我们担心的“贪得无厌”、永远不知足的孩子。同时，这样的孩子更知道自己想要的是什么，也更能够享受当下的快乐。

行动指南

■ 智慧家长如何做?

克服诱惑对年龄小的孩子来说本身就是一个很大的挑战，自控能力并非是天生的。有专业研究指出，自我控制和延迟满足都是孩子基本的生活技能，每个人都可以通过后天习得。只要家长给予学龄前孩子有效的策略，孩子就可以学会延迟满足，并且充分学会如何提高自控能力。

1. 帮助孩子了解事情的合理性

帮助孩子学习延迟满足，坦白告诉孩子需要等待的原因，客观地进行描述很重要。如果家长心平气和地接受这样一个需要延迟满足的事实，那么这个过程便是示范。

比如当孩子提问:“妈妈，为什么我们要等那么久呢? ”只要告诉孩子，“因为人很多，是会久一点的，我们等一等就好了。”反复这么强调，就是在帮助孩子了解事情的合理性，当孩子接受这个合理性，就能内化为延迟满足的能力，孩子能慢慢自己跟自己来“内部”对话和解释，焦躁不安的孩子也能逐渐放松下来。

2. 难以抗拒诱惑的东西，藏起来

自控力主要是为了目标克服诱惑，但对于孩子来说，对诱惑的抵抗力很难马上就发展起来。家长可以先把对孩子有诱惑的东西收起来，这也是一种延迟满足的策略，因为当孩子看不见诱惑时，就不会受到影响了。当孩子逐渐学会这个策略，就会有意识地把它变成抵抗诱惑的方法之一。例如，在棉花糖实验中，有些孩子自主转身不看棉花糖，或用手捂住眼睛，这些都是这个策略的实施。

3. 教孩子学会观察

可以寻找一些孩子身边的榜样，引导孩子观察学习和模仿榜样的良好行为，看看榜样是如何自我控制、延迟满足的，让孩子进行自我尝试和自我鼓励。同时，父母在生活中也要给孩子做出榜样，通过言传身教，让孩子感受和接受等待。

4. 接纳孩子的愿望和想法

在稳定和安全的家庭环境中长大的孩子，会更有安全感和自控力，而经常不被满足或被欺骗的孩子，则很难有自控力。

任何家长都不可能有能力满足孩子所有的需求。当不能满足时，最重要的不是否定需求，而是询问孩子的想法，接纳他的愿望以及失落时的伤心等感受。家长不要对孩子的需求做出评判，不要认为孩子有问题，孩子就不会因为有“暂时无法满足的需求”,而自我攻击觉得自己是个“坏孩子”。

5. 亲密的亲子关系有助于建立规则和底线

孩子最需要的,是通过非常亲密的亲子关系,获得自主意识和自我肯定,而不是被训练“等一等”的能力。在孩子建立了充足的安全感之后,家长才可以更好地帮助孩子建立规矩和边界感。

那些在生活中需要等待才能被满足的事情,自然而然地会让孩子明白,有些需求的满足是需要等待的。因此,培养孩子的延迟满足能力,重要的不是制造等待和延迟,而是在正常的等待和延迟中让孩子从心理上接纳它。

自助训练

■ 活动一:玩想象游戏分散注意力

在面对诱惑却不能及时得到,而且诱惑还无法回避或隐藏时,需要孩子自我控制。此时,家长可以带孩子一起来玩想象游戏。想象的内容是如果得不到这个诱惑,或者做不成这件事情,之后可能会发生什么事情呢?引导孩子通过想象,续写之后的故事吧!

这个想象游戏需要有一些抽象思维和语言表达做铺垫,4 岁以上的孩子比较适用。

■ 活动二:开展自我对话来克服诱惑

自我对话其实是一种心理学的方法,无论是对成人还是孩子,都非常有帮助,因为它可以深刻地帮人联系自己的“内在”,建立自我控制力。

在真正面临诱惑要进行决定时,我们都很需要自我提醒、自我引导,提醒自己控制冲动。一般要等孩子 5 岁后,这个能力才会慢慢发展起来。虽然自我对话不是孩子能够最快形成的能力,但它很重要,而且需要培养。因此,从中班开始,可以在日常生活中帮助孩子积累,慢慢培养。可以尝试使用以下的方法训练孩子的自我对话能力。

在面对诱惑时,请孩子来玩这个填空游戏,将整句话慢慢说出。“我很喜欢、很希望得到 ________,因为它非常 ________,但我不能现在立即得到它,因为爸爸妈妈曾经告诉我 ________,我现在可以 ________(采取的策略:不看它,玩会儿别的等),以后我还有机会得到它。”通过练习,孩子语气越自然,其接受等待、自我控制能力就越高。

■ 活动三:尝试制订一个计划吧

可以带孩子一起,围绕最近幼儿园的活动,或者某天的安排,制订一个一天计划。首先家长和孩子一起为这个计划取一个酷酷的名字,并在计划中设置游戏时间和完成任务的时间。

要求家长和孩子一起投入地执行这个计划。家长的投入和计划的完成,就是孩子最好的榜样,并且孩子也能从执行计划中感受到自控力的增长。当一个计划周期结束后,与孩子一起总结计划完成情况。

________(酷酷的计划名称)

内容	时间段 1	时间段 2	时间段 3	时间段 4	……
计划内容 1					
计划内容 2					
计划内容 3					
……					

■ 活动四:使用"如果—那么"重新编程条件反射

在增加延迟满足能力、提高自控力的时候,可以先询问孩子为什么对这个东西如此喜欢,然后想想有没有其他事物也能引起自己的这个喜欢感受。然后教孩子以"如果—那么"的形式重新编程。

比如,孩子无聊的时候很想看动画片,但为了保护视力,让孩子只能在休息半小时以后看或者当天不能再看。那么,可以问孩子,为什么想看动画片,然后引导孩子进行重新编程条件反射"如果我感到无趣,就想看动画片",转变为"如果我感到无趣,那么我就随手拿起一本书翻看"。这种重新编程的方法也提供了抵抗诱惑的可能。

专题 17　要帮宝宝收拾玩具吗

情景再现

4 岁半的小桃是个活泼的女孩，特别爱玩积木玩具，每次玩得都特别投入，一大堆积木都散落在她的周围。但很多时候她找不到想要的玩具，就会大声问："妈妈，我的那一套"公主度假"玩具在哪里？"每次玩尽兴之后，小桃又会跑去书房继续看她爱看的绘本。之前喜爱的积木玩具仍然散落一地静静躺在那儿。其实在小桃的房间里，散落的不仅仅只有她喜爱的各类玩具，还有爱看的书、叠过的手工作品……每次想要开始某项活动时，小桃总会大声地问："妈妈，我的东西在哪里？"而且找不到东西时会急得哭起来。

家长困惑

困惑一：孩子不爱收拾，找不着时又会着急，该怎么看待呢？

现在孩子们的玩具越来越多了，往往是玩过之后就丢弃一旁。刚玩了这些玩具，扔这儿，我就得给他收拾，不到一会儿，他又开始玩起了那个玩具，我过一会儿又得帮他收拾。如果只是收拾也就罢了，最要命的是他总是不停地问我东西放在哪里了，这个东西为什么找不着了，那个东西为什么缺了一部分。我烦起来还特别容易跟孩子急，怪他自己不收拾。孩子也会因为找不到想要的东西而急得哭。就因为这样的事情，弄得我和孩子心情都很不好。

困惑二：四五岁的孩子到底能不能自己收拾东西呢？如果想培养他自己收拾的能力，该如何培养呢？

专家解析

一、收拾玩具可以培养孩子的自我管理能力

可能有一些家长认为，宝宝自己收不收玩具是小事情，那么小的孩子，等他收拾好了，还不知道浪费多长时间呢！有那个功夫，大人几下就收拾好了。再说，孩子大了就什么都会了。抱着这种想法的家长可能不知道，锻炼宝宝自己收拾玩具，实际上也是在培养孩子的自我管理能力。

能够合理地收拾玩具，安排好玩具的去处，并且下一次能顺利地找到它们，这意味着孩子的自我管理能力得到了提高。因此，培养孩子的自我管理能力，就可以从收拾玩具这件小事开始进行启蒙。心理学研究发现，自我管理能力比较强的孩子，在学校学习成绩更优秀，将来事业更容易获得成功。

二、自己收拾玩具可以提高宝宝的责任感

宝宝收拾玩具的过程，也是不断强化“自己的事情要自己做”的过程。如果每次都是家长替孩子把这些“小事”都处理好了，那么宝宝会认为大人为自己做的这些事情都是理所应当的，就不会想到自己要尽的责任和义务。同时，在收拾玩具的过程中，宝宝也能理解平时家长劳动的辛苦，从而尊重和珍惜别人的劳动成果。

三、宝宝通过收拾玩具获得满足感和幸福感

当家长把收拾玩具的“重任”交给孩子，并适时进行鼓励和表扬，宝宝就会在完成这一任务之后，获得自我满足感和幸福感。这样的行为被多次强化并保留下来以后，就会使孩子在进入学校或长大工作以后，建立起掌控感和自信。

因此，家长要让宝宝从力所能及地收拾玩具开始，培养宝宝对自己负责、尊重他人劳动、进行自我管理的观念和能力。

行动指南

■ 智慧家长如何做？

既然培养孩子的自我管理能力这么重要，那么该如何做呢？其实从孩子最常接触的、最简单的事情开始培养，就能收到很好的效果。

1. 保持家庭整体环境的整洁

万事都先强调言传身教，收纳整理也是如此。如果要培养孩子的收拾能力，

首先家长要审视并且监督自己坚持整理的行动。比如在收拾衣物、工作材料，摆放冰箱食材时，都可以有意识地让孩子跟着看看。对于还没养成收拾习惯的孩子来说，可以每次等孩子玩完玩具、看完绘本后，家长一边帮忙收拾，一边告诉孩子这是在做什么、为什么要这样做，潜移默化地让孩子形成“要收拾整理东西”的意识。

2. 循序渐进

初学阶段，由于孩子不熟练，不宜收拾时间过长、收拾东西过于复杂。尽量在最开始以培养意识和兴趣为主，要求不宜过高。可以把收拾玩具的过程分解成几个小步骤，待一个小步骤完成之后，再继续下一个。例如第一步先要求孩子把玩具放到指定的容器里，如此几次后，再要求将它们摆放整齐，最后还可以要求孩子把容器放到指定位置。这样可以帮孩子明确收拾步骤，且收拾得有条理、有秩序。

3. 要求适度

在收拾时间方面，一次不要让孩子收拾太久；收拾内容方面，不让孩子做超出他能力的事，比如搬太大、太重的玩具，或者把东西放到高处，此时可以亲子一起收拾，大人做“主力”和引导。

4. 给每个玩具贴标签，分好类

准备几个收纳箱，每个箱子外面贴上标签。这些标签可以是图形，也可以配上文字说明。不同的收纳箱代表放置不同类型的玩具，然后让孩子将对应的玩具放入其中。另外，可以在游戏区的某些位置贴上“请将玩具放回家哦”等字样的提醒，当孩子忘记收拾时，家长可以指一指这些提醒，不需要反复的语言，就能让孩子注意到问题，先收好一项再玩另一项。

5. 赋予玩具生命

如果有条件，可以在房间里辟出一块靠墙的位置，当作“玩具的家”。放置一些玩具箱、玩具筐或玩具抽屉等，告诉孩子玩具可以按照大小、种类放在箱子、筐或抽屉里。

将玩具拟人化，给玩具注入情感。家长可以告诉孩子“如果玩完置它们于不顾，它们会很伤心的”“每次玩完，都要送它们回家”，孩子听到这样的话，同情心容易被激发。然后家长示范给孩子如何送玩具回家。可以边慢慢收，边说“乐高可以回到自己的家了”“送小兔到箱子里休息吧”，再问问孩子愿意试试吗，激发孩子参与的兴趣。

6. 有始有终

在示范收拾的同时，也要传递善始善终的意识。要先把手里的玩具“送回家”，才能玩下一个。收拾时要把一件玩具的所有部分都完整地收好。告诉孩子，玩具的每一个零件和部分，都是“兄弟姐妹”，少一个都不完整，而且少一个也不好玩啦。在此过程中，让孩子懂得收拾的完整性，做到有始有终。

7. 及时鼓励

每一次孩子完成收拾任务，都要肯定他的点滴进步，比如“今天收得真快”“今天摆得更整齐了”，激励孩子更认真、更有效率。

自助训练

■ 活动一：边唱边收拾

找一首孩子喜欢的、收拾类的儿歌，然后边带孩子唱儿歌，边鼓励他收拾玩具。形成习惯后，每次一放这首歌，孩子就马上知道该收拾玩具了。

■ 活动二：每日星星汇总表

设计一个孩子收拾物品的表扬表。为孩子准备计时器，当孩子开始收拾时，为他计时。可以将每次的收拾结果进行小结。鼓励孩子的点滴进步。

每日星星汇总表

收拾物品	用时	整齐效果	今日得星星总数
		☆☆☆☆☆	
		☆☆☆☆☆	
		☆☆　☆☆	
		☆	

■ 活动三：设计“占领领土游戏”

首先带孩子一起将散落的玩具进行大类别的分类，然后用“分配领土”的概念，告诉孩子这边是他的领土，那边是家长的领土。谁收拾好了自己的领土，就可以去占领对方的领土。所以动作要快哦，而且不能把玩具放错位置哦！让孩子学会玩具分类后，在充满刺激和乐趣的游戏中迅速地完成收拾玩具的动作。

专题 18　如何做好"懒妈""笨爸"

情景再现

小齐今年快 4 岁了，在他断奶以后，由于妈妈要上班了，所以周一至周五小齐就住姥姥家，周末的时候再回爸爸妈妈身边。姥姥平时把小齐照顾得可好了，甚至还教会了小齐认字。可是，在小齐上了幼儿园以后，妈妈才发现，小齐的自理能力要比班上的其他小朋友差很多。比如午睡起来后，小齐穿衣服就比别的小朋友慢多了。吃饭、收拾玩具等也是慢吞吞的。小齐妈妈于是请教班上另一个小朋友浩浩的妈妈："你家宝宝怎么动作那么快啊？干什么都特别利索！"浩浩妈笑了笑说："因为我家浩浩有一个懒妈妈和一个笨爸爸。"

家长困惑

困惑一：我有时真的很羡慕邻家的父母，宝宝那么懂事、体贴父母，什么事情都会积极参与。再看看我家的宝宝，就像是一个小皇帝，每天都有不同内容、不同轻重缓急的"圣旨"，一会儿要我拿这个，一会儿要我找那个。为什么"别人家的孩子"那么能干呢，我该怎么培养我的宝宝呢？

困惑二：我知道教育宝宝，家长要学会"放手"，可是"放手"后我心里会很担忧，怕宝宝做不好，或者怕宝宝受伤。如果宝宝做得慢或者做错了，我就想替他快点做完。宝宝还小，很多事情我可以先替他做了，等以后宝宝大了再"放手"可以吗？

专家解析

■ "懒妈""笨爸"更能培养出自主性强的孩子

从发展心理学的角度来看，孩子在4—5岁会进入自主性发展的第一个高峰阶段，表现为他们很喜欢自己的事情自己做，收拾自己的书包，自己挑衣服，自己挑绘本，自己穿衣、吃饭、洗澡。不仅自己的事情自己做，他们也很想参与到家长做的事情之中，跑来跑去忙个不停。

人生成长八阶段

如果孩子表现出的主动行为受到家长鼓励，会有利于孩子自主性的形成，为孩子以后的责任感、创造力打好基础。但如果家长不放心孩子的能力，怕孩子受伤或者帮倒忙，仍然选择包办代替的方式，那么带给孩子的暗示其实是"你不行"，将影响孩子的自信。如果家长一味地、盲目地爱着自己的孩子，不给孩子自主发展的空间，会使孩子消极依赖，一旦面临挑战，便无所适从。还有家长会希望孩子做得好，有过高的期望和要求，但这样反而加大了孩子的心理压力。如果孩子因为帮忙而犯错，被家长严厉指责，这容易导致孩子自卑。

曾有过这样的案例，国内某著名高校的一位大学生，在考取出国留学的奖学金后，却因焦虑过度而精神失常。原来，他是家中的独子，从小娇生惯养，过着衣来伸手、饭来张口的生活，甚至上了大学，父母还要每周到学校去帮他料理生活。一想到自己一个人出国生活的无助，他精神竟崩溃了。他的父母对记者说了一句让人深思的话："我们一心一意地爱他，凡事为他着想，谁知却害了他。"

由此可见，家长对孩子自主活动的态度对其形成自我意识非常重要，对其未来的发展也非常重要。家长应该利用自主性发展的关键时期，尊重孩子的发展需求，创造机会让他们发挥自主性进行选择和自主操作，培养孩子的优秀心理品质。

孩子对于生活中发生的很多事情，有的是充满了好奇心，跃跃欲试；有的是觉得很陌生，感到怕出错；还有的觉得自己可以做，但爸妈不让，从来没有机会。可以说，小皇帝、小公主们的形成，并非是孩子最初的愿望，而是被家长用心"培养"出来的。因此，想要孩子快速成长，变得更加有独立性、自主性，家长就应该首先发生改变，给孩子尝试的机会，逐步树立他们对自己生活、甚至是对家庭生活的自主性。

行动指南

■ 智慧家长如何做?

1. 身"懒"脑不"懒"

"懒妈"要了解孩子成长规律和特点,根据自己孩子的发展情况,判断哪些事情必须让孩子自己尝试,做到心中有数。然后有的放矢地"懒",给孩子自己摸索的时间和空间。

可以根据孩子的发展情况,从孩子能做到、且相对简单的事情开始做。比如下班回家,对孩子说"宝贝,妈妈好累啊,你能不能帮妈妈端杯水过来。" "宝贝,妈妈有点想吃苹果,你能帮妈妈洗一下吗? "

刚开始不要指望一步登天,孩子肯定会做得慢而且达不到标准,此时,家长要有耐心,千万不要孩子一没做好就说"算了算了,还是我来吧。"

2. 身"懒"眼不"懒"

虽然很多事情可放手给孩子做,但是并不代表就可以高枕无忧、完全不管了,还是要观察孩子的一举一动。如果孩子遇到困难,可以及时给孩子言语上的鼓励,询问孩子是否需要帮助;如果孩子遇到危险,也要及时出现,给孩子以安全感和支持。帮助孩子想办法攻克难关,提醒孩子规避风险。

3. 身"懒"心不"懒"

家长对孩子的自主性发展要有信心和耐心,能容忍过程的不完美,愿意等待孩子慢慢进步和成功。要相信,孩子"做"总比"不做"好,"做得多"比"做得少"好。不怕麻烦、有耐心,在过程中引导、启发孩子不断做归纳和总结,对孩子的每一点进步及时予以肯定,要让孩子有成就感,愿意去尝试。

4. "笨爸"培养孩子独立思考能力

"笨爸"要学会"示弱",告诉孩子"这个问题我也不会,我们一起来看看",然后鼓励孩子自己开动脑筋想想。如果孩子确实有困难,可以在孩子思考时向他提问,引导他一步步思考,或者和孩子一起查阅书籍或借助网络解决问题。

如果是讨论某些问题,可以问问孩子的想法,鼓励他从不同角度思考,可以毫不吝啬地表扬他。培养孩子的独立思考能力,会让孩子更有自信地积极思考,更愿意表达观点,更有成就感,也更能面对以后的挑战和挫折。

5. "懒妈"培养孩子的自我管理能力

羡慕"别人家孩子不用管",就要让孩子学会管理自己,比如时间的管理。可以给孩子半小时的时间,让他自己决定这半个小时做什么事情,比如让他自己安排完成幼儿园手工作业，或者安排对小蚂蚁的观察。先问问孩子是如何打算的，等半小时过去后，再问问孩子这半小时过得怎么样。

平时父母也要做好自我管理，有计划且主动地做事情，并且可以提前把计划说给孩子听，孩子也会观察家长的表现。

6. “懒妈”“笨爸”随时做好收拾“烂摊子”的准备

放手让孩子自己洗袜子，就有可能洗不干净袜子；让孩子自己去捡掉在沙发底下的东西，就有可能弄脏衣服鞋子；让孩子去取书柜上方的绘本，就有可能书掉下来砸了脚；让孩子自己完成老师交给的手工作业，就有可能得不到优秀，孩子有可能会郁闷……

但是，不能因为害怕“烂摊子”而不敢去放手。家长宁可现在收拾“烂摊子”，也不要等到孩子成年了再替他们去收拾连家长也收拾不了的“烂摊子”。

自助训练

■ 活动一：妈妈今天累了

吃完晚饭后，妈妈一反常态，不再主动收拾餐桌，而是“瘫”在沙发上，比较无力地说：“宝贝，妈妈今天好累啊，工作一天太辛苦了。你能帮妈妈个忙，做些什么吗？”让孩子来说说他可能帮妈妈做些什么，妈妈对孩子的想法表示支持。也可以问问孩子打算怎么做，然后鼓励孩子去做，并且对孩子表达感谢。

■ 活动二：帮忙叠一下衣服吧

在叠衣服时，邀请孩子来帮忙一起叠，可以说“哇，衣服好多啊，有爸爸的，妈妈的，还有宝宝的。妈妈一个人叠不过来，宝贝能不能来帮忙啊？宝贝叠小衣服，妈妈叠大衣服好吗？”“这么多衣服，宝贝能不能帮忙一起放入衣柜啊，太感谢宝贝了”。

■ 活动三：一起看动画片吧！

和孩子一起观看他喜爱或熟悉的动画片，就其中的情节可以问问孩子：“宝贝，这小动物为什么要逃走啊？那个是不是它的好朋友呢？”引导孩子主动来跟你谈谈动画片的情节和他自己的理解。

■ 活动四:为“大事件”加油点赞

孩子懂事长大了,做了那么多以前没有做过的事情,应该为他们的成长点赞喝彩!这代表了孩子的成长,是他们成长的大事件。可以把这些大事件记录下来。同时,家长可以适当地表达感谢,也让孩子学会点赞和感谢。

我的大事件

日期	今天我第一次	我的心情	爸爸妈妈的点评

专题 19　家有“熊孩子”怎么办

情景再现

小亮快五岁了，正是淘气的年龄。今天下午幼儿园放学早，他悄悄地溜进妈妈的卧室，在梳妆台前开始“实验”：先是把口红拿出来在纸上画画，然后再把各种护肤乳液和防晒霜倒在一起，看会发生什么“化学反应”。等妈妈发现的时候，梳妆台显然已经变成了小亮的工作台，面对惨不忍睹的“作案现场”，妈妈终于失去了控制力，发出整个楼层都能听到的怒吼！

家长困惑

困惑一：家有顽童的父母，一定对这样的场景不陌生：你不让他去做的事情，他偏要去做，除了拿梳妆台上的化妆品进行“组合实验”，还会把一些日用品塞到马桶里看能不能冲下去；还有的孩子甚至在你不留意的时候，去碰一些危险的物品，比如用家里的打火机试着点火，看什么东西可以被点燃。这种情况到底该怎么应对？

困惑二：面对家里的“熊孩子”，我一直崇尚不打孩子，但有时候真的忍无可忍发出了“河东狮吼”，甚至在情绪失控的情况下打了孩子，而过后又后悔。孩子犯错的时候可以用吼或打的方法来教育他使之长记性吗？

专家解析

不要给孩子贴标签

一、孩子为什么会那么不听话

生活中，如果刚好你家孩子是个“小捣蛋”，你就会发现自己变成了一个“驱魔师”。而你的使命就是把眼前这个“小捣蛋”变成文明社会的一员。在你陪伴孩子成长的过程中,发现只有在孩子睡着的时候,他才又变成天使。那么,熊孩子是天生的吗?

研究表明,淘气的孩子有着极强的好奇心,又加上强大的破坏力,常常会把身边的环境搞得天翻地覆。很多爸爸妈妈看到孩子淘气就会加以阻止,还经常教训孩子说不许淘气,淘气就不是好孩子。其实,随着孩子体能迅速发展,他们有能力到处跑、到处走动,还喜欢碰碰这个、摸摸那个,表现得很淘气是正常的。

你知道吗,孩子之所以喜欢调皮捣蛋,是因为:

1. 他们觉得这很好玩

在大人看来司空见惯的东西,在孩子眼里却是每一样都充满了吸引力,他想一个一个地弄清楚。在好奇心的驱使下,孩子渴望了解更多的事物,也希望自己能摸摸试试,往往成人越不让看、越不让做的事情,孩子偏偏要看要做,从而被成人视为“淘气”。这种淘气是建立在探索欲望上的行动,并不是坏事。

2. 反抗权威会让他们很有成就感

调皮的孩子经常会试探性地去挑战爸爸妈妈的底线,看到爸爸妈妈终于生气了,他就特别高兴。这个时候的孩子,惹怒爸爸妈妈后很有成就感,如果爸爸妈妈真的生气了,那可就“上当”了。对付这样的孩子,爸爸妈妈要与他斗智斗勇,要坚持原则,先稳住情绪。

3. 他们发现有时候可以通过自己的行为控制一些人和事

比如有的孩子想要某个玩具,家长不给买,孩子就通过不吃饭达到目的;孩子晚上看电视时间太长,家长关掉电视,孩子就哭闹不去睡觉;孩子想要出去玩,家长不同意,孩子就满地打滚……面对这些问题时,有部分家长认为孩子长大了自然就懂事了,于是孩子用这种“小任性”就达到了目的。当然,也有相当一部分家长,在这种情况下是用“吼”来“压制”住孩子任性的。

二、吼出来的孩子问题多

事实上,当孩子出现一些调皮捣蛋或其他不听话的行为之后,家长的吼叫并不能真正起到作用。如果长时间对孩子大吼大叫,不仅会影响孩子良好性格的形成,容易使孩子自我否定,自我评价下降,还会影响到亲子关系,从而使孩子的一生都受到影响。

首先,大喊大叫或者大声责骂会让孩子变得更加有攻击性以及焦虑。如果长期对孩子吼叫,孩子往往也学会了这种应对冲突和问题的“解决方式”,因此在人际交往中，会产生比同龄人更多的争吵行为。

其次，大声吼孩子的行为，会使孩子越来越讨厌父母，更不想和父母处好关系。来自父母一味的指责，会使孩子的心理受到很大的伤害，孩子也可能会因此越来越自卑。

最后，吼孩子有可能会使孩子形成“讨好”的行为模式。他们为了使父母不发脾气，让自己变得通情达理，变得更符合父母的要求，形成讨好父母的行为模式，把错误归结为自己不够好。这种行为模式也会带到他未来成年后应对人际关系中，即为了防止人际冲突，总是以讨好的姿态与他人交往。

行动指南

■ 智慧家长如何做？

教育孩子是一件很需要耐心和方法的事情，父母千万不要由着自己的性子来教育孩子，尤其是当孩子调皮或出现叛逆的行为时，不要用大吼大叫的方式来解决。智慧家长应该意识到以下几点：

1. 理解孩子

家长要知道，小孩子淘气不听话是很正常的，小孩子本身就是活泼好动的，对世界充满了好奇，要理解孩子，知道孩子的年龄特点和内心想法。淘气不听话是孩子的好奇心在起作用，要科学管理，不要伤害了孩子的好奇心。如果父母一味地斥责或打击宝宝，他的求知欲望会被泯灭，正在萌发的自信心会被扼杀。因此，父母要珍惜宝宝的捣乱行为，抓住时机，提供适当的引导。

2. 满足孩子的好奇心

对孩子的好奇心，爸妈应该珍惜他们的求知心理，抓住时机，予以引导。一方面，要向孩子介绍新接触到的事物的简单知识，满足孩子的好奇心和求知欲；另一方面，要耐心讲道理，帮助孩子“淘气”，并要求孩子不影响别人、不损坏东西。这样，既能满足孩子的好奇心，又能使他获得新知识，形成良好的行为习惯。

3. 要控制情绪，不能用“吼”的方式吓住孩子

孩子淘气不听话，家长在教育这样的孩子时更要控制好自己的情绪，调节好自己的心态，不能看到孩子淘气就心烦，脾气马上就暴躁起来，对孩子就是一番“狂轰滥炸”，自己出气了，就完事了，孩子也不知道自己错在什么地方。久而久之，孩子习惯了家长的教育批评方式，不懂事还是不懂事，反而学会了用撒谎来保护自己。

4. 多给孩子一些关注

有的孩子会因为想要引起爸妈注意而“淘气”。对这样的孩子，父母要尽量放下正在做的事情去关心孩子,倾听他的要求,进行合理的教育,让孩子知道父母是关心他的,使其达到心理上的平衡,保持正确的行为。因此,父母平时要注意观察孩子的行为,爸妈应多关心、多陪伴孩子,多倾听孩子的想法。

5. 和孩子一起“淘气”

有的孩子精力过剩,总是停不下来。对这样的孩子,爸妈应该给孩子创造一些条件和机会,比如和孩子一起搭积木、一起玩遥控车,这样不但能让他们的过剩精力得以发挥,还能锻炼其动手能力和增进亲子感情。

自助训练

■ 活动一:家里的“淘气堡”

孩子淘气调皮有时候是由于好奇心强,想弄明白一些东西的构造。如果孩子经常动手搞一些破坏的话,下面的这个方法一定是首选啦。

把家里的一个房间或一个区域,设置为“淘气堡”,在这个区域里,放一些儿童工具箱,这里的玩具是可以随便拆卸的。通过拆卸各种玩具,孩子不仅了解了玩具的内部结构、满足了好奇心,还锻炼了动手动脑能力。同时,组装玩具的辛苦,也会让孩子渐渐养成爱惜东西的好习惯。当然,所有玩具拆卸后,都要组装好和摆放好,这样也有助于孩子形成不乱扔东西的习惯。需要注意的是,如果父母能和孩子一起在这个区域“淘气”,会使亲子关系更加融洽。

■ 活动二:记录自己的“狮吼”行为

(1) 简短地把孩子惹恼你的行为记录下来,并加上日期、时间、地点,你也许会发现,你在某些特定的日子或时间,会更容易发火。比如说,周一到周五早上你快要上班的时间,是你最容易发生“狮吼”的时间。这个时间你的焦虑感本来就比较高,孩子的一些行为只不过是你情绪爆发的导火索。

(2) 记录你当时的身体反应、情绪变化以及你当时的想法。

你是不是气得发抖,呼吸急促,情绪从一开始的尚能控制,直至火气逐渐升高,最后爆发。你当时的想法是什么?

(3) 记录你对孩子行为和语言的回应。比如在你的孩子第二次重复不好行为的时候,你是否朝孩子吼道:“够了! 不要再这样了! 我真是受够你了! ”而你的孩子则看着你,然后哇哇大哭起来。

(4) 记录事件最后的发展结果。父母常常会在发脾气后感觉很糟糕，把你的感受记录下来。比如，你在朝孩子吼叫之后，感觉到了后悔，为自己不能控制情绪而生自己的气。

(5) 反思。回顾整个事件，你还能有别的处理方式吗？你除了对孩子发火，冲孩子吼叫之外，是否还可以选择让自己暂时离开房间，让自己冷静下来，然后再来处理这件事？

■ 活动三："排雷专家"在行动

活动目标：动静结合，在促进宝宝肌肉发展的同时，训练宝宝的观察能力和解决问题能力。

活动准备：细绳（也可以是毛线）若干、桌子、椅子、铃铛、布娃娃或其他玩偶。

活动过程：把桌子、椅子杂乱地摆放在家里的空地上，在桌子、椅子腿离地50厘米左右的高度绕上绳子，并且在绳子上系上小铃铛，模拟“矮树丛”。宝宝现在是“排雷专家”，要钻过“矮树丛”去排雷，要求宝宝在匍匐前进的过程中不能弄响铃铛。家长可以先把布娃娃或玩偶放在绳子前面的某些地方，要求宝宝穿过“矮树丛”去排雷，寻找、解救玩偶。每次只能解救一个玩偶，直到所有的玩偶被解救成功为止。家长也可以跟宝宝一起玩这个游戏，双方进行比赛，看谁解救的玩偶多。

专题20　家有二宝如何爱

情景再现

我家老大是女儿，老二是儿子。女儿三岁了，今年上幼儿园，儿子十个月，也到了特别累人的时候了，你知道的，孩子快要学会走路的时候特别累人。好在女儿上了幼儿园，这种被两个“魔鬼”同时缠身的日子总算稍微有了点改善。不过，这几天女儿的行为却让我很是着急。有一次女儿从幼儿园回来，趁我不在弟弟身边，她居然偷偷去拧弟弟的脸，还往弟弟脸上吐口水。平时乖巧的女儿，怎么突然有了暴力倾向，变得如此野蛮？我实在气急了，就打了女儿两巴掌，一边打一边忍不住凶她：“那是你亲弟弟，你居然打他，我告诉你，以后再看到你打弟弟，我就把你扔了。”女儿吓得边哭边喊：“妈妈不能扔我，不能扔我呀！”

家长困惑

二胎政策放开以后，我们首先想到的就是给老大再生个弟弟或妹妹，两个孩子能一起玩，我们父母也就有更多时间干些自己的事了。然而，二宝的降生虽然给我们的生活带来了很多乐趣，可两个孩子必然会有一些资源上的争夺，这个时候，家庭教育的天平该如何平衡？

专家解析

一、在教育两个孩子的过程中无法做到绝对的公平

很多父母接受了这样一个观念，就是“两个孩子打架主要因为爸妈的不公平对待”，比如，将大部分的注意力和爱都给了刚出生的二宝，大宝受到了冷落和忽视。在养育过程中，将年龄小的二宝看做弱势一方，要求大宝应该处处让着二宝，有刻意偏袒二宝的行为。全家对大宝的要求和期望超过二宝，让大宝承担更多的责任和压力，教养严格，对二宝则教养宽松。二胎父母都希望尽力做到公平，要给予大宝和二宝同样的关注和爱。比如，你给妹妹买一双鞋，最好给姐姐也买一双，要不然两姐妹会打架的。但是在多子女家庭中，不论你多么细心地照顾到“公平”，孩子的冲突仍然不会减少，原因是每个孩子总想得到父母唯一的爱和关注，他们总会怀疑你爱另一个孩子更多。

二、做到绝对的公平非常难，而且不现实

即便你努力做到公平，但是孩子也不一定觉得你公平，孩子有着他们自己对父母行为的解读。在孩子心里，如何公平都无法抑制孩子想要得到父母唯一的爱的欲望。因此，在二胎的家庭中，要想在两个孩子之间做到平衡和公平是非常难的。

三、在家庭中营造公平气氛的意义

一位爸爸说过：“偏爱有什么了不起？我就是偏心我女儿，我也不怕儿子看到。偏心这件事，能帮我儿子理解未来社会上存在的各种不公平。”

成人世界确实存在各种不公平，可是来自别人的不公，和来自父母的不公，带来的伤害根本不是一个重量级的。父母永远都是孩子最后、最重要的避风港，如果父母都抛弃他，他还有什么人值得信赖？

四、了解孩子要的是什么

既不能不公平，又不能绝对公平。这些孩子到底想要什么？

独一无二的爱，特别的爱，才是我们每个人都需要的那种爱。我们不可能绝对公平地对待每个人，爸爸妈妈喜欢你，因为你就是你，是和别人都不一样的你。

如果你决定不给孩子们相同的东西，无论是什么时候，无论出于什么原因，这其实都没有问题。没有得到东西的孩子会感觉失望，但你如果对他们的失望感到不理解、不接纳，甚至暴跳如雷，强迫他们去接受你的观点，那才真的会伤害

你们彼此的关系。而你对他们失望情绪的理解和接纳,会真正帮助他们学会如何正确对待生命中的不公平。

行动指南

■ 智慧家长如何做?

真正的公平不是一视同仁,而是需要你有针对性地满足不同孩子的不同需求。不同孩子的性格、兴趣、才干都是有差异的,不同年龄段孩子的需求也是不一样的。因此,正确的做法是分别给予孩子你对他唯一的爱和关注。唯一意味着“有区别的,有个性的”。

(1) 不要对孩子说“我对你和对弟弟的爱是一样的”,告诉每个孩子“你在这个世界是独一无二的,我们对你的爱不会因为任何人而改变”。父母向孩子表达爱,最好不用“爸爸妈妈最喜欢你了”这样的话语。因为,这种措辞本身就在进行比较,暗示父母的爱是分等级的,容易造成孩子的恐惧心理。“你和弟弟或妹妹对爸爸妈妈来说都是很特别的”,进而可以列举哥哥或姐姐的可爱之处,让她了解自己“值得被爱”。

(2) 给孩子买礼物、买衣服、点餐等场合,可以让他们分别说出愿望,不需要严格给孩子同样的东西。你告诉孩子“公平不是给你们同样的东西,而是给你们各自都需要的东西,只要合情合理,妈妈就会满足你”。

(3) 如果给一个孩子买了东西,不要瞒着另一个孩子。不要告诉另一个孩子,“我给你买了好吃的,你要保密,回去不要告诉哥哥哦”。否则在无形之中,隔离了孩子之间的感情,而且收到好处的那个孩子,日后因炫耀说出这个秘密的时候,另一个孩子感情就会受到伤害。

(4) 两个孩子发生冲突的时候,尽量不要当裁判,让孩子们自己解决问题。如果每当孩子们发生冲突,你就介入调查谁对谁错,孩子们会依赖你做裁判,如果哪一次你没有公平处理争端,其中一个孩子就会怨恨你偏心。你可以安抚他们都冷静下来,分析问题,然后和孩子一起讨论下次出现这个情况如何解决,帮助他们制定规则。

(5) 不要说诸如“你是姐姐,要让着弟弟妹妹”这样的话。很多父母以为这样说就可以解决孩子之间的纷争。那些已经为人父母的,回想自己的童年,好像从小就是接受这样的教育,以为做哥哥姐姐的就应该让着弟弟妹妹,就算大的一方心里有什么不满,也只能忍着。其实解决孩子纷争的关键不在于他们年纪的大小,父母应该换一个角度,让孩子感受到自己有爱护弟弟妹妹的责任,而不是一味没有原则地让步。

自助训练

生了二宝的家庭，父母要时常面对两个孩子的冲突，当自己的时间、精力不足时，内心备感压力，困惑于该如何让两个孩子和平相处，建议可以用下面的措施试一下：

■ 措施一：让大宝参与到迎接二宝的过程中

对即将当哥哥姐姐的孩子进行心理上的安抚和引导。通过讲故事、做游戏的方法，让孩子知道家里要多一位新成员啦，但父母不会因此冷落他、不爱他。妈妈不妨和大宝分享孕育小宝过程中的点点滴滴，让大宝觉得自己是在和妈妈一起做一件很有成就感的事。再比如让他为未来的弟弟或妹妹挑选衣物、玩具，甚至连起名字这样的事也听听他怎么说，让他感到自己是被重视的。

■ 措施二：两个宝宝换位思考

在传统的观念里，如果大宝二宝发生了矛盾，父母总是第一时间站出来批评大宝，并说作为哥哥姐姐你就应该让着“小的”，而这样的处理方式，大多数时候会让大宝觉得父母不再爱他了。这个时候，可以把两个宝贝叫到一起，引导犯错的孩子进行换位思考，帮助彼此了解对方的想法，并潜移默化地教会孩子解决问题的方法。也许在不远的某天，你将发现，他们可以自己解决矛盾、处理问题啦。

■ 措施三：分别拿出时间和每个宝宝独处

两个宝宝都一天天长大，渐渐有了可以和父母分享的“秘密”，这时候，父母其实可以拿出一些时间单独和他们相处。在与他们相对私密的对话中，让每一个孩子都感受到自己是独一无二的。

■ 措施四：你分我选

当两个孩子需要分享一些食物或是玩具时，父母不要主动出来当裁判，而是让两个孩子中的一个负责分，另一个孩子则可以优先选择。这样负责分配的那个孩子就会尽量公平分配，而结果大家也都会觉得公平。

专题21　妈妈我从哪里来

情景再现

我现在怀着老二，我家老大四岁了，之前我也跟我家大宝说过，告诉他马上就要有弟弟或妹妹了。但是没有想到有一天，他突然隔着衣服摸着我的肚子问："妈妈，你的肚子为什么那么大？"我把衣角掀起来露出肚子给他看，说这里面就是你的弟弟或妹妹呀！这时他看见了剖腹的伤口，问我这是怎么了。我说是医生给切的，当时为了把你拿出来，医生就把妈妈的肚子划开一个口子，然后宝宝才能从里面出来啊。大宝听完居然眼睛红红的，抱着我说："妈妈你还痛吗？对不起啊！"

家长困惑

在孩子成长的过程中，几乎一定会问到大人一个问题：我是从哪里来的呀？大人们给的答案可算得上是五花八门了。比如有的说是"垃圾桶里翻出来的""桥底下捡来的""充话费送的""腋窝里掉出来的""大水冲来的"……以至于很多孩子到很大的时候都不知道自己是从哪里来的。尽管现在的爸爸妈妈们已经很少有人这样糊弄孩子了，但是，这个复杂的问题还真是不太好解释呢！

专家解析

当你的孩子执着地纠结于自己从哪里来的这个问题的时候，那么恭喜你，这说明孩子已经开启“性”探索的旅程了，这也是孩子正常发育必须要经历的时期。这个阶段的孩子，他们开始关注自己和他人的身体，对自己的性器官产生一定的好奇心，喜欢玩弄自己的性器官，或者触碰他人的敏感部位，偷看他人上厕所。他们可能喜欢关注跟性器官有关的词语、句子，还会问很多类似“小孩子是怎么生出来的”让家长“抓狂”的问题。如果家长没有很准确地把握这一特点，简单粗暴地阻止孩子的探究，将不利于孩子性意识的发展。

但是如何对孩子进行有效的引导，对于很多从小也未接受过性教育的家长来说也是一个大问题。

1. 家长不好意思和孩子谈性，觉得这类话题难以启齿

家长认为生命诞生的通道同性有着紧密的关系，而与自己的孩子谈起“性”这个话题，总是感觉难以启齿。

2. 不知道教什么和怎么教成为家长的最大困惑

父母自身没有接受过系统的性教育，自然也很难给孩子提供正确的性教育引导。在国内的教育中，当我们还是学生的时候，性教育没有完全普及，早年的生物课，老师讲到“生殖系统”章节的时候也是避之不及的。于是，一代一代，对性教育的处理方式依旧是回避。因此，当我们的宝宝问到“我从哪里来”这个话题时，不知道怎么教、不知道教到什么程度成为家长的最大困惑。

3. 有些家长总觉得孩子太小，以为孩子大些自然可以无师自通

性教育在现实中是迫切需要的，它可以帮助孩子正确地认知自己的身体构造以及两性的区别。孩子在成长过程中，每个阶段认知程度不同，他们想了解的知识也是不同的。那些以为孩子大了可以无师自通的想法显然是不对的。

家长作为孩子成长的第一任教师，在孩子性萌芽的阶段能够给孩子及时正确的引导，对于孩子的健康成长至关重要。如果家长遮遮掩掩，严词呵斥，会使孩子将生殖器官误认为是下流无耻的象征，将与此相关的活动都看作是丑恶的。有的孩子甚至会产生逆反心理，偏要弄个明白；或更加频繁地探究，以满足好奇心；或窥视父母性生活，身心健康发展受到很大影响，有的孩子甚至长大后走上犯罪道路。

行动指南

■ 智慧家长如何做?

1. 引导孩子认识跟性有关系的身体部位

可以准备一些符合幼儿年龄特点的图书或挂图，与孩子一起观察，并有意识地引导孩子认识人体的各个部位,从认识全身各个部位开始,慢慢引导到与性有关的部位。或者在给孩子换衣服、洗澡的时候,引导孩子认识相关部位。引导孩子时,语言要浅显易懂,气氛要轻松快乐,让孩子在活动的过程中逐步建立对性器官的初步认识。

2. 引导孩子了解性器官的功能

在引导孩子认识性器官的过程中,还要注意通过符合幼儿思维特点的语言将性器官的功能介绍给他。比如,在教女孩子认识乳房的时候,可以告诉她,这是你最女性化的地方之一,慢慢就会长得和妈妈一样,不仅越来越好看,还能给自己的小宝宝提供又香又甜的乳汁,就像你小时候喝妈妈的奶一样。如果家里有雌性的小猫小狗之类的小动物,也可以借小动物的特点引导孩子。如果小猫小狗生了宝宝,解释起来孩子就更容易理解。

3. 温和对待孩子在探索过程中的行为

孩子玩弄自己性器官,偷窥同伴或大人上厕所等行为,都是探索性行为。他们往往是出于好奇,家长过度的反应不仅会给孩子带来心理上的阴影,甚至还有可能加剧他的好奇心,强化孩子进一步探索的行为。因此,面对孩子的这些行为,要保持耐心和宽容的心态,慢慢地引导他,使孩子对性建立起初步的正确认知。

4. 耐心地回答孩子提出的问题

我们可以给孩子讲诸如子宫之类的概念,说:“你在妈妈肚子里,子宫就像个宫殿一样保护着你。”孩子大一些,我们可以告诉他:“你是精子和卵子结合生成的,精子是爸爸给妈妈的,卵子是妈妈自己的。在妈妈的子宫里,你慢慢长大,就生出来了。”对于绝大多数幼儿,讲到这里他就已经满足得不得了了。千万不要用“从石头缝里变出来的”“从垃圾堆里捡来的”这样一些不科学的说法。

自助训练

对孩子的性教育是建立在孩子的年龄基础上的,不同时期孩子对性的认知程度、对性知识的渴求不同,所以家长应该根据孩子的年龄回答孩子的问题,而不要一股脑地把所有有关的性教育内容都灌输给一个还正处于好奇期的孩子,这样的性教育对孩子的成长也是不利的。下面是宝宝们经常会提出的一些关于性方面的问题,家长们可以参考一下哦,同时也可以想一想还有什么更好的回应方法。

■ 活动一:妈妈我怀孕了

案例回顾:因为有急事出门的时候,我的宝贝玲玲没人带,只能把她交给好朋友照看一天。朋友家有一个和玲玲年纪相仿的男孩子,俩人平时合得来,放在她家我也安心。晚上,回到家的玲玲显得心事重重的样子。在我的询问下,她终于吞吞吐吐地告诉我:"妈妈,我可能怀孕了!"看着她一本正经的样子,我觉得有些好笑,便问她:"为什么这么说呢?"玲玲神秘地说:"今天午休的时候,阿姨让我和彬彬睡在一张床上了,你和爸爸不也是睡在一张床上才生的我吗?我想我快要当妈妈了。"

面对这个问题,妈妈们应该怎么反馈呢?

几点提示:

(1) 在反馈过程中,妈妈们要注意自己的态度,要温和,要体现出关心,要对孩子的情绪表示认同。妈妈可以把孩子抱到腿上,搂着她说:"玲玲今天是不是一直很担心啊,妈妈好心疼呢。"嬉皮笑脸不当回事、埋怨孩子大惊小怪、甚至挖苦讽刺,说"这怎么能怀孕呢,傻不傻啊",这样的方式不可取。

(2) 根据行动指南给出的方法对孩子进行认知方面的引导。注意用词符合孩子的年龄特征。

(3) 孩子确认自己不能怀孕之后,可能会难为情。妈妈要让孩子放心,可以告诉孩子"妈妈小时候也这么想过,可实际上什么也没发生,没关系的"。同时要做到不把这个事情当做笑话讲给别人听,以保护孩子的自尊心,同时巩固孩子对妈妈的信任感。

■ 活动二:爸爸(妈妈)咱俩结婚吧

宝宝常会说出"我长大了咱俩就结婚吧"这样的话,可能会遭到家长的嘲笑,家长到底该怎么回应?

当孩子说要和某位同学(同性或异性)结婚时,家长该怎么回应?

家长一定不要取笑孩子,用正面的态度和语言回应孩子的话,才是维持良好的亲子关系的正确做法。

专题 22　宝宝为什么会伤害自己

情景再现

乐乐上幼儿园中班，老师今天反馈小家伙又发脾气了。幼儿园分发不同形状的饼干，乐乐拿到的不是自己喜欢的，他愤怒地把饼干摔到了地上，并且不停地用手揪头发。

妈妈回忆，宝宝第一次发生这种情况是在 1 岁的时候。平时爸爸妈妈工作忙，都是爷爷奶奶带他，赶上周末爸爸妈妈带乐乐去商场玩耍，他指向一辆玩具小汽车，想让妈妈给他，妈妈没有理解孩子的意图，直接递给了他一盒积木。没想到，乐乐生气了，开始哭闹不止，把积木都倒在地上，还用力抓自己的头发，直接用头撞墙。妈妈吓坏了，赶紧抱起他，没想到，妈妈越是安慰他，乐乐反而哭闹得越厉害。

从那以后，乐乐好像有了“杀手锏”，但凡不顺心意，就会用“自虐”的方式对待自己，爸爸妈妈简直无法应对。

家长困惑

困惑一：我家宝宝这么大了还在不停地咬指甲，好像不咬指甲就无法安静下来，哪怕咬出血，也控制不住。这是什么毛病啊？

困惑二：我家宝宝脾气特别大，要求得不到满足时，就撞头、使劲儿掐自己的胳膊，我看着都疼，他还不停下来，真是不知道该怎么办。

宝宝伤害自己，到底背后有什么需求呢？我们当爸爸妈妈的，怎样安抚小家伙的情绪、改变他的行为呢？

专家解析

一、宝宝“自虐”的行为表现

很多家长一直以为“自虐”的孩子只会出现在电视上、案例中或新闻里，当自己的宝宝出现这些行为时完全不知所措。其实，在我们身边的生活中，“自虐”的宝宝真不少，而且还会有各种“自虐”表现方式。

1. 咬啃的行为

有的宝宝会把嘴唇咬破甚至咬出血，有的宝宝会咬啃自己的指甲、手指、手臂，会把手指咬破或在手臂上留下深深的牙印。

2. 撞头的行为

孩子会用双手不停拍打自己的脑袋，大力、不停地晃来晃去，甚至有的宝宝会朝墙壁、床沿磕打自己的头部。

3. 拔毛的行为

用力抓自己的头发，好像要把头发拉扯下来，还有的宝宝会拔自己的睫毛。

4. 用工具伤害自己

用铅笔、笔刀等尖锐的工具在身上留下划痕，还有的宝宝用玩具伤害自己，例如让玩具小汽车在自己身上开过，留下明显的印迹。

二、孩子为什么会有“自虐”的行为

1. 宝宝生理上的变化

有些宝宝在出牙或耳朵不舒服时会感到疼痛，为了分散这种疼痛，他们可能会选择撞击头部的方式。也有些孩子执着于咬指甲，这可能与宝宝体内缺少铁、锌等微量元素有关。

2. 故意用“自虐”的方式引起成人的关注

孩子虽然小，但是他们很聪明，会从成人的反馈中习得行为。宝宝会发现，平常的时候没有成人理他，但一旦出现撞头等行为时，大人们就会过来给予关注，这种感觉比没人理好多了。当然，他们步入幼儿园，也会以同样的方式吸引老师的注意。因此，这种行为很可能成为宝宝获得别人关注的有效方式。

3. “自虐”行为是宝宝不恰当的情绪发泄方式

宝宝虽小，但他们已经具备了基本的情绪，当他们的要求没有得到满足时，例如爸爸妈妈没有买给他们想要的玩具、让他们吃不喜欢的食物、制止他们的某些行为，孩子也会有愤怒、生气等情绪，他们没有办法用语言充分地表述，因此会用肢体动作来发泄自己的情绪。

4. 发育方面的问题或心理方面的疾病

如果发现孩子撞头等自虐行为的频率非常高，而且力气过大，真正伤害到自己还不自知，甚至有的宝宝没有发脾气的时候也会经常出现这些行为，家长需要尽快带孩子去医院检查，看孩子是否存在发育方面的问题。此外，一些心理疾病也会伴有撞头等自虐行为，例如自闭症，但不可仅仅依据这一种行为下定论，需要综合观察孩子的言行。

行动指南

■ 智慧家长如何做？

宝宝“自虐”的行为方式有很多，有些是因为生病，有些是为了满足心理上的需求，爸爸妈妈要仔细观察孩子撞头等行为，只有发现“自虐”行为产生的真正原因，才能对症下药。

1. 采取一定的措施保护孩子不受到伤害

如果宝宝不可控制地出现“自虐”行为，爸爸妈妈首先要关注的是在家庭范围内，尽量增加一些防范设施，保护孩子不要受到过度的伤害。例如，尽量减少家庭中尖锐的物件，将危险的物品放到宝宝够不到的高处，如果孩子总是撞头，可以给他们垫上一些柔软的东西，或戴上帽子给予缓冲，将栏杆或桌角处用布包起来，不让孩子受到过度的伤害。

此外，家长应该了解哪些家居用品可能对宝宝造成安全隐患，尽量不要让孩子接触，包括药品、化学试剂、小颗粒物品、绳子、电源插座、烟头、放置不稳的家具、剪刀等尖锐的物品等。当孩子在发脾气时，这些物品更容易成为隐患，爸爸妈妈要尽可能排除孩子身边的危险物品，给孩子创造安全的环境。

2. 关注孩子，给予孩子一定的安全感

有时候，孩子通过撞头、打滚、抓头发等“自虐”行为来向父母表达诉求，希望以此获得父母的关注。当孩子的内心缺少一定的安全感时，他不能在日常和父母积极互动，也很容易通过这种极端的方式来寻求父母的注意。

因此，爸爸妈妈在孩子小的时候就要和孩子建立积极的互动模式，让孩子感受到父母对他的关心，在这样安全的氛围下，孩子才能够自主地探索，而不需要时刻“试探”父母的关注。有些孩子“自虐”行为的背后，是在警示父母，应该给予孩子多一些的关注与陪伴，让孩子感受到安全，从而健康地成长。

3. 不是所有的“自虐”都需要父母担心

并不是所有的自虐行为都意味着孩子生病或养育方式不当，父母要学会甄别孩子自虐行为背后的原因。对于有些“自虐”行为，父母不需要过度地担心，父母太过紧张的情绪反而会影响孩子的成长。

有些孩子是聪明的，当他们发现用哭闹、打自己等行为能够达成自己的愿望，让父母很快妥协时，这种自虐的行为反而会成为孩子“控制他人”、满足要求的有力工具。有些孩子通过撞墙等方式表达自己生气或愤怒的情绪，他们不知如何去调节自己的情绪，因此采用一些过激的行为。

面对这种情况，家长一定要控制住自己的情绪，切不可跟着孩子一起发火，否则会让孩子更难以平静。家长可以给予孩子一定的关注，默默注视孩子，让宝宝尝试自己稳定情绪。

此外，等孩子平复情绪后，爸爸妈妈要和孩子一起收拾被破坏的物品，恢复混乱的环境。很多时候，孩子在发脾气时会乱扔物品，父母应该让宝宝慢慢懂得做错事情是要承担责任的。有爸爸妈妈一起陪伴孩子整理物品，会让孩子意识到父母不会抛弃他，让孩子感受到亲子关系中的安全感。

4. 睡前做一些舒缓的小活动，帮助孩子平复情绪

睡前是建立亲子互动的温馨时刻，父母可以每天睡前陪伴孩子进行一些比较舒缓的小活动，例如阅读绘本、听故事、按摩、听轻音乐等，一方面有助于孩子更好地入睡，另一方面可以帮助孩子更多地感受平静的情绪。这种行为习惯会贯穿到孩子的成长历程中，当遇到生气、挫败、愤怒时，孩子也会尝试用这些方式来控制情绪。

5. 必要时及早去医院检查

孩子的有些“自虐”行为，可能是生病引起的，家长要及时带孩子去医院检查，排除身体上的不适。

有妈妈反映宝宝 2 岁左右时频繁用手敲打头部，最开始还以为宝宝是为了引起父母注意，后来才被医生告知可能是孩子身体或头部不舒服。也有的宝宝不停地抓耳朵，到医院检查才知道是得了中耳炎。此外，如果孩子体内缺乏铁锌等微量元素的时候，也可能会出现吞咽破布、头发等怪异行为。

自助训练

对于宝宝的自我伤害行为，爸爸妈妈务必要关注，要了解孩子行为背后的需求，有针对性地进行干预。爸爸妈妈与孩子的亲子交流互动，也会让宝宝感受

到家庭中的安全氛围，让宝宝慢慢懂得——不需要“自虐”的方式，爸爸妈妈也会爱我的！

■ 活动一：训练孩子表达自己的情绪

幼儿园阶段孩子语言的发展虽不完善，但依然可以训练孩子尝试表达事情的原委和内心的心情，如果孩子说不出来，也可以让孩子用画画的方式来表达，重点是家长一定要给予孩子一定的耐心，有意识地训练孩子觉察自己的情绪。当发现孩子不高兴时，可以让孩子通过游戏、运动、手工活动等方式转移注意力，平复情绪。

■ 活动二：固定时间的亲子互动

每天固定时间的亲子互动可以让孩子感受到父母对孩子的情感，例如每天睡前读绘本故事，每天放学后固定时间运动，孩子可以在与父母的互动中获得安全感。

■ 活动三：爱的抱抱

鼓励的语言、温馨的拥抱都是宝宝能直观感受到爱的重要方式。爸爸妈妈可以和宝宝建立一个家庭约定，每天出门、回家都要彼此拥抱，相互鼓励，让宝宝时刻感受到被关注和被认可，激发更多积极的行为。

专题23　我的宝宝多动吗

情景再现

小宇在初入幼儿园的时候就引起了老师的注意，用老师的话来形容："这个孩子和其他小朋友不太一样，注意力总是不能集中，但精力很旺盛，好像没有什么集体观念和纪律意识，也总是独来独往地活动，没有什么好朋友。"幼儿园老师记录了小宇在学校的行为表现，并提示爸爸妈妈带孩子去医院看看。记录如下：

上课的时候，他总是一会咬着手指或笔，一会儿看其他小朋友，一会儿又看看地板，神情游离不定。当大家专心听故事的时候，小宇特别容易被外面的声音吸引，哪怕是脚步声。

没有什么纪律意识，从不举手就站起来，有时会踢前面同学的椅子，有时会突然与旁边的同学嬉戏。

午餐的时候，也会比其他小朋友多一些小动作，到处张望，抓旁边女生的头发，饭粒经常掉在桌子上或衣服上，想吃什么也不会和老师说，直接过去拿。

午睡的时候更具有挑战性，小宇总是精力旺盛地乱踢乱动，在床上翻来覆去，老师怎么管都没有用。到起床的时间其他小朋友都已经整理好，唯独他躺在床上叫不动。

每次活动课后，他从不主动地收起玩具交上来，老师催了很多次都不肯交，一直到他不想玩了，随手把玩具一放，自己就不管了。

面对老师的反馈，爸爸妈妈也不知道该怎么办。

家长困惑

困惑一：幼儿园老师反映我家宝宝上课总是注意力不集中，一会儿动动椅子，一会儿又看看窗外。其实我在家也早就发现了，宝宝看绘本的时候从不按顺序,这本看一页,那本翻两页,唯独看动画片的时候一动不动,怎么都干扰不到他。从这些现象能判断我家孩子多动吗?

困惑二:我家宝宝在老师讲故事的时候总是插话,打乱老师的授课,引起同学的哄堂大笑,怎么说都不改。没人理他的时候,就总是去故意抓别人的头发。唉,已经被其他家长告状好多次了!此外,他的精力太旺盛了,午睡时从来都睡不着,躺在床上翻来覆去,不时做小动作,有时还自己唱歌。这是孩子好动的天性,还是多动症的表现?我们需要干预孩子的行为吗?

专家解析

孩子为啥坐不住

一、正常好动与多动症的孩子有什么区别

宝宝在幼儿园中班正是活泼好动的时候,他们在幼儿园的环境中逐步去探索知识、人际关系和规则,好像对身边的一切都充满了好奇,但他们的活泼好动总是让家长充满困惑,这到底是正常的发展现象,还是多动症?

1. 看宝宝注意力是否集中

好动的孩子注意力不集中,很大一部分原因是对任务不感兴趣,或探索欲很强、关注东西太多,但他们对自己感兴趣的东西例如动画片、游戏、电影等是能够专心欣赏的。而多动症幼儿是有注意力缺陷障碍的,他们没有兴趣,任何活动、任何时间、任何场合都不能让他们集中注意力。

2. 看宝宝行动是否有计划性和目的性

在行动方面,好动的幼儿虽然关注点多,但他们的行动依然是有目的性的,有一定的计划。而多动症幼儿的行为常常是冲动的、杂乱的,没有什么目的性,也没有一定的规则意识。

3. 看宝宝是否有自制力

好动的幼儿虽然活泼,但当他们面对特殊场合、陌生环境时,是能够有自我控制能力的,也能够意识到要分场合行事。而多动症幼儿则没有这方面的能力,即使受到老师的提示或批评,也依然我行我素,哪怕在正式的场合,也极有可能做出不符合规则的事情。

4. 看宝宝的动作是否灵活

好动的幼儿反应快、灵敏、灵活,而多动症幼儿却表现得反应迟钝、动作不灵活、不协调,甚至画画、写字等基本的动作都表现得很笨拙。

二、多动症对宝宝的危害有多大?

多动症是指注意障碍和注意障碍伴有多动的一种病态行为。一般来说,对

多动症的界定是指轻度脑功能失调，无明显大脑病变，智力正常，但伴有注意力缺损、自控力差、多动等行为。爸爸妈妈要对孩子多动的现象提高关注度，必要时及时寻求医生的帮助。

1. 孩子长大后完成学业出现困难

多动症幼儿很容易因不专心而无法集中精力完成一些任务，其表现通常有注意力不集中、无法抑制自己的冲动以及坐立不安。因此，多动症幼儿在长大以后会出现学业困难。

2. 孩子的人际交往能力较差

多动症的幼儿活动分散，情绪喜怒无常，干扰他人的活动，因此与同龄伙伴的关系也不是很融洽，会影响孩子以后的社会交往。

3. 容易出现行为问题

多动症的幼儿无视规则，不服管束，容易干扰他人，甚至在长大后可能出现打架斗殴等行为。他们做事不考虑危险性及后果，容易受到意外伤害。

4. 可能滋生孩子的自卑心理，影响心理健康

如果长期处于这样的行为模式和环境之中，孩子会感受到来自身边的排斥与歧视，更加滋生自卑的心理。如果处理方式不当，可能激发孩子仇恨的情绪。有些多动症孩子在孩童期没有得到治疗，导致成人后在生活和工作中都会产生困扰。

但是，我们也应该看到，3岁至5岁的儿童有高活动率是非常自然的一件事，所以注意力不足与冲动是很平常的现象。因此，正常好动与多动症需要由专业人员进行测试才能判断。

行动指南

■ 智慧家长如何做？

幼儿园孩子活泼好动是天性，父母需要及时区分好动与多动症，当孩子的好动行为超出一定的范围时，爸爸妈妈一定要关注和重视，并用耐心和爱心陪孩子渡过难关。

1. 不要对孩子提出过高的要求

爸爸妈妈应该区分宝宝的好动和多动症，如果确诊是多动症，家长应该了解多动症的特征，并意识到这是一种心理病症，是需要家长给予孩子更多的包容和宽容的。有时候，多动症甚至有可能持续到孩子的青春期乃至成年，想要完全的治疗好，是要经过长期努力的。

爸爸妈妈切不可像对待正常孩子一样，对多动症的宝宝太过严格，不要苛

求孩子的行为规范，也不要因孩子的行为失控、扰乱纪律而大发雷霆，更不要急于求成。父母要根据孩子的实际情况，一步一步来帮助孩子规范行为，让他们的多动行为控制在不太过分的范围内，辅助医生的治疗措施，帮助孩子看到希望。

2. 帮助孩子用合适的方式把过剩的精力释放出来

好动的宝宝大多精力充沛，例如在幼儿园午餐时，不能安静专注地吃饭，不停地扰乱其他小朋友，不遵守规则地拿自己想要的食物，午睡的时候也往往会有小动作，不按时睡觉。

爸爸妈妈要帮助孩子寻找合适的方式，让他们把过剩的精力发挥出来，例如参加跑步、爬山等户外运动，也可以参加一些室内的体育运动，此外网球、乒乓球等球类运动可以帮助孩子提升一定的专注力。但因为多动的孩子有时不能遵守规则，情绪易激惹，因此爸爸妈妈要时刻关注孩子在进行活动时的安全，避免可能发生的危险。

3. 培养孩子规律的生活习惯

爸爸妈妈要尽可能地培养孩子规律的生活习惯，帮助孩子形成良好的生物钟，这样既能保证孩子身体的健康，也能在潜移默化中锻炼孩子的规则意识。

早上要按时起床，尽量鼓励孩子自己穿衣穿裤，如果可以，设置固定的时间陪伴孩子晨练。孩子吃饭的时候，尽量保证定量定时，食物均衡，不要纵容孩子只吃自己喜欢的。晚上准时休息，让孩子养成按时上床的习惯，睡前可以安排绘本阅读等安静的亲子活动，帮助孩子平复情绪，尽快入睡，不能迁就孩子看电视、玩游戏到很晚。

4. 适当地进行注意力训练

培养多动的孩子集中注意力是需要时间和耐心的，家长可以在日常的家庭活动中，尽量鼓励孩子集中精力完成某一件任务，以此来逐渐提高他们的专注力。

可以从看书、听故事、做家务等日常活动开始练起，例如，在家务分工中，鼓励宝宝只做一件事，逐渐延长其注意力集中的时间。如果宝宝能够在注意力方面有所进步，一定要及时地表扬和鼓励。此外，父母也可以增加一些趣味性的活动，来帮孩子进行注意力训练，例如棋类游戏、计算类的趣味活动等。

5. 让孩子在更自信的环境中成长

在帮助孩子纠正行为的过程中，要保持耐心，对于他们的进步要积极地肯定和表扬。如果父母对孩子过于苛求，当孩子犯错误的时候严厉训斥甚至大发雷霆，则更容易让孩子紧张自卑。爸爸妈妈要帮助宝宝在儿童时期就树立自尊心和自信心，发掘孩子的闪光点，让孩子在安全、充满鼓励的环境中健康地成长。

6. 适当地控制孩子的饮食，限制某些食物的摄入

含有过量酪氨酸和水杨酸盐的食物，可诱发遗传因素导致的幼儿多动症，

或使多动症症状加重，因此要限制这类食物的摄入。含有酪氨酸的食物包括挂面、糕点等，含有水杨酸盐的食物包括西红柿、橘子等。此外，含有铅和铝的食物、调味品等都要进行一定的控制。

自助训练

宝宝多动的行为表现，可能是孩子发展的阶段性特征，也可能是孩子身心疾病的提示，爸爸妈妈需要及时关注，对症干预。多动的宝宝往往需要父母提供更多一些的耐心与鼓励，在安全的家庭氛围中习得规则和专注。下面提供的一些方法，不妨在家庭日常生活中尝试一下！

■ 活动一：趣味活动训练孩子注意力

好动的孩子典型的行为特点之一就是注意力不集中，经常会有各种小动作。爸爸妈妈可以创设一些有趣的家庭活动，让孩子逐渐提升专注力。如果孩子对语言文字类的活动比较感兴趣，家长可以带着孩子一起进行听词语复述词语、故事续写等活动；如果孩子对数字类活动比较感兴趣，家长可以带着孩子一起玩数独、背数字；如果孩子对色彩、绘画比较感兴趣，则可以让孩子完成《秘密花园》涂色书等。

■ 活动二：家务分工树立孩子规则意识

可以固定时间每周进行家务大扫除，鼓励孩子为家务活动分工，并让孩子专注完成自己的任务，同时给予一定的奖励。同样，在日常生活中，也可以交给孩子一些固定的任务，例如，把每天晚饭分发碗筷的任务交给孩子，让他逐渐树立自己的责任意识。

■ 活动三：反转口令

活动目的：幼儿的主导活动是游戏，父母通过设定一些家庭趣味游戏，调动孩子参与的积极性，帮助孩子逐渐适应、遵守规则，提升专注力。

活动准备：任务口令卡。

活动过程：

(1) 父母设计任务口令卡，每个任务卡均为一项简单的动作口令，例如"向前一步""向左转""抬头"等，动作口令简明清晰，能够被孩子所理解。

(2) 父母向宝宝解读活动的规则:当父母说出一项口令时,要求宝宝在最短时间内做出相反动作。例如父母说“抬头”,孩子马上“低头”。

(3) 每完成一项任务卡得一分,如果做错扣除一分。孩子得到10分,可以获得一个小奖品作为鼓励。

专题 24　为什么宝宝爱啃被角

情景再现

宝宝虽然已经上中班了，但送他去幼儿园的任务对我来说依然是一项巨大的挑战。每次快到学校的时候，宝宝就会不停地拉动自己的衣角，神情非常地紧张，甚至有的时候大哭大闹，拉着我的衣服不让走。我也曾尝试狠心地把他送到幼儿园就赶快离开，没想到一回头，看到小家伙眼泪汪汪地站在幼儿园的铁门边，满脸委屈，我看了真是心疼啊，一整天都担心他在幼儿园过得不好。

老师也反映宝宝在幼儿园总是喜欢独自蜷缩在角落里。有一次他在角落里玩玩具，班里有两个男孩也想和他一起玩，还没走近他就开始大哭，引起老师的注意。而且宝宝从入园开始，就一直有一个让人费解的习惯。每次午睡的时候，他总是要咬被子的一角，只有咬着被角才能让他入睡或安静地休息，宝宝还给这个被角起了个名字叫“喜羊羊”。每次午睡，他都要哭闹着找“喜羊羊”，最开始老师没有理解他的意图，后来才知道“喜羊羊”是被角的图案。如果不让他咬，就会哭闹不止。

家长困惑

困惑一：我家宝宝好像只有抱着自己的毛绒玩具才能入睡，有时还要把毛绒玩具咬在嘴里才安心。我们不想让宝宝养成这种坏习惯，强行拿走了她的玩具，却发现宝宝每次睡觉都很困难，神情警觉，有时还会哭闹着找玩具。这是怎么回事呢？

困惑二：我家宝宝早晨去幼儿园是一大困难，抱着我不让离开，大哭大闹引来所有老师和小朋友的目光。趁他不注意我悄悄溜走，没想到他就站在幼儿园门口，嘴里还紧紧地咬着自己的衣服袖子。现在他越来越不愿意去幼儿园，而且还越来越粘着我。

为什么宝宝会有“咬东西”的习惯呢？爸爸妈妈要怎样做呢？

专家解析

一、宝宝为何喜欢“咬东西”

很多爸爸妈妈觉得，宝宝“咬东西”就像延续了他小时候吸奶的行为习惯，长大慢慢就会改过来。实际上，这并不是不用在意的小事，这些行为可能暗示着宝宝生理或心理上的变化。

1. 宝宝身体发育的变化

爸爸妈妈最容易想到的就是宝宝在长牙、换牙期，需要“磨牙棒”，而啃咬的物品就是“磨牙棒”的替代品。此外，宝宝如果体内缺少锌、钙、铁等微量元素，也可能出现咬东西的行为，需要家长给宝宝合理膳食，补充营养。

2. 宝宝缺乏内心的安全感

当发现孩子非常依赖父母，在陌生的环境中神情极度紧张，总是担心爸爸妈妈离开，一离开就哭闹不止，睡觉的时候也睡不踏实，时不时地看看身边是否有亲近的人，甚至沉迷于咬被角或吃手指的这些行为时，其实也在给爸爸妈妈一个提醒，宝宝可能缺少对周围环境的安全感。这一般与儿童早期父母的养育方式有关，爸爸妈妈的陪伴与爱意会让宝宝逐渐建立对外部世界稳定的情绪与行为，这也是宝宝获得安全感的重要来源。

二、孩子与养育者的依恋关系有哪些类别

依恋是指幼儿和主要养育者之间存在的特殊情感关系，孩子在婴幼儿时期安全依恋的建立对他们有着重大的影响，甚至会影响到他们以后的人际关系模式。心理学家曾通过观察孩子与母亲的互动，总结出依恋关系的三个类型。

第一类是安全型依恋模式，大多数的孩子处于这种依恋模式之中。安全依恋型的孩子可以积极地与母亲互动，当母亲离开时，他们会不舍，但不会焦虑不安，不会哭闹不止；当母亲回来时，他们能够积极回应，热情地与母亲交流。宝宝心中会深信父母对他的爱，不会担心爸爸妈妈不爱自己或抛弃自己，而爸爸妈妈也会随时关注孩子，既给予他们自由的空间，让孩子自己探索，也会及时给予他们帮助，让宝宝看到爸爸妈妈的爱。

第二类是矛盾型依恋模式，属于不安全依恋模式的一种。这一类型的孩子对母亲是又爱又恨的，他们渴望与母亲接触，但是又好像讨厌母亲。当母亲离开时，他们会大哭，不停地找母亲，但是母亲回来后，他们十分矛盾，既想与母亲互

动，又排斥与母亲接触。

第三类是回避型依恋模式，也属于不安全依恋模式的一种。宝宝在神情上好像看不出与母亲的情感连结，无论母亲在还是不在，他们都对母亲很冷漠很消极。

行动指南

■ 智慧家长如何做?

宝宝最初和外部世界建立联系，主要是和养育者的互动，因此，能够感受到爸爸妈妈持续稳定的爱对他们来说是非常重要的。有人会说“等孩子长大了，就不会胆小、害羞、不安了”，实际上，早期建立的安全感会伴随孩子的一生，甚至影响他们成人后的行为模式。爸爸妈妈应该营造怎样的家庭氛围，让宝宝感受到安全与爱呢?

1. 营造良好快乐的家庭氛围

自主、和谐、快乐的家庭是孩子的安全基地。婴幼儿时期，孩子与外部世界互动大多数是通过家庭进行的，在与父母的交流过程中，他们逐渐习得自己的行为模式，因此，爸爸妈妈稳定的情绪与持续的爱会让宝宝感受到家庭环境的安全。在这种氛围下，孩子才能更加积极地探索外部环境，收获自尊和自信。

0—3 岁是孩子安全感建立的关键期，4—6 岁是补救期。孩子能够有勇气去探索环境，正是源于他们肯定地认为“当需要时，父母可以给予帮助；当害怕时，父母能够陪伴身边；当挫败时，父母能够鼓励前进”。爸爸妈妈应尽可能地呵护孩子的安全感，孩子只有在父母这里感受到安全，才会带着自信和信任开启新的人际互动，将安全的范围扩大到学校、社会等外在的环境中。

2. 孩子年幼时，避免过多的母子分离或环境变更

宝宝在年幼时，他们的思维还没有成熟，依靠爸爸妈妈与他们的陪伴和互动来理解父母的爱，以此建立安全感。年幼的孩子不能够理解“爸爸妈妈出差一段时间，回来后依然爱你”的道理，如果长时间见不到爸爸妈妈，或父母外出的频率比较高，宝宝会认为是父母抛弃了他或是不爱他了，也容易让孩子认为是自己不够好，父母才抛弃自己的。因此，爸爸妈妈的陪伴对孩子来说是意义重大的，超过了他们拥有很多的玩具、吃好吃的食物，在陪伴中他们会去肯定父母的爱，建立自身的依恋模式。

此外，孩子在逐步探索外部的时候，熟悉的环境和有秩序的生活会让他们感到安心和安全，经常性的变化会让宝宝无所适从。要尽量减少孩子在这一阶段的大变动，例如搬家、换幼儿园、长途旅行等，让孩子先在熟悉、固定的环境中

探索,建立足够的安全感后,再拓宽探索的范围。

3. 送孩子去幼儿园时,和宝宝正面告别

送孩子去幼儿园的时候,宝宝可能会面临分离焦虑,而有些父母怕孩子哭闹或太过伤心,选择悄悄离开。这个微小的细节,看似影响不大,但很容易让孩子对爸爸妈妈的突然离开产生不安,影响孩子安全感的建立。

爸爸妈妈应该学会和宝宝正面告别。每天送孩子去幼儿园时,告诉孩子晚上几点来接他,并准时出现,让孩子认识到即使暂时分开,每天晚上也会见到爸爸妈妈,他们是爱自己的。当父母出于工作原因必须要和宝宝暂时分离时,应该提前告诉孩子爸爸妈妈要去哪里、去几天、哪天回来,如果遇到延迟,一定要打电话和孩子说清楚,这样孩子就不会一直焦虑父母是否会回来、是否还爱自己。

如果父母总是突然的不告而别,孩子会对父母的行踪特别的紧张,总是担心爸爸妈妈会离开,甚至有些宝宝在睡觉的时候也不踏实,总是间歇性地用手摸摸身边是否有亲近的人,唯恐睡觉起来后,就看不到爸爸妈妈了。

4. 爸爸妈妈要遵守约定,言必行,行必果

爸爸妈妈要信守和宝宝之间的约定,让孩子意识到"父母答应自己的,就会尽可能地做到",这样既容易让孩子对父母产生信任,感到环境安全,也能够在潜移默化中让孩子学会信任他人、信守承诺,对自己的言行负责。

爸爸妈妈答应几点去幼儿园接孩子,就不要拖到放学最后一个才把宝宝领走;答应陪伴孩子过生日,就不要总是因为工作上突发的事情而一再推后;答应孩子取得进步就会收获礼物,就不要总是忽视遗忘。父母信守约定,会让孩子感到踏实和安全,也会让他们用同样的言行规范自我。

5. 互动的亲子活动更有帮助

定期陪伴孩子进行亲子活动,在活动任务中鼓励孩子积极探索、解决问题,不仅仅能够促进孩子动手动脑能力、生活技能的提高,还能够增进父母与孩子的情感交流,有助于孩子建立安全感。

父母可以花费一些时间和心思,设计一些简单的亲子活动,例如在室内可以进行手工制作、各种合作或竞技游戏,共同完成家务,共同阅读书籍等,在室外可以和孩子放风筝、参加球类活动、户外搭帐篷,或是和其他家庭组织挑战类的活动,都可以帮助父母与孩子建立更深厚、更亲密的情感,这也是孩子成长路上最大的力量源泉。

自助训练

快乐的家庭是宝宝的安全基地。宝宝早期的安全感能够帮助他在面对陌生的环境时,保持稳定的情绪和探索的行为。而安全感的建立更多凝聚在

爸爸妈妈与宝宝互动的点滴中。下面提供一些家庭互动的方法，爸爸妈妈们可以去尝试一下！

■ 活动一：讲讲幼儿园的故事

中班的孩子虽然语言发展还不够完善，但是是能够表达清楚事情的。父母每天可以用固定的时间（例如吃完晚饭后），鼓励孩子讲述学校发生的事情。在倾听的过程中，父母一定要有耐心。有些孩子可能语言表达不够全面，容易造成误解，父母切不可断章取义，要耐心听孩子讲述完，了解完整的事情经过。此外，当孩子面临苦恼时，父母要引导孩子思考解决问题的方法，最重要的是让孩子感受到父母对他的关注和帮助。

■ 活动二：每天睡前的晚安

父母可以和孩子形成固定的、仪式性的行为，让孩子在和父母稳定的互动行为中感受到爸爸妈妈持续而稳定的爱。例如每天晚上睡觉前和孩子互道晚安，每天早晨叫宝宝起床时，会给他一个吻，经常性地告诉孩子“爸爸妈妈很爱你”，不要吝啬爱的表达，这些对爱直观的表达形式，更容易让宝宝建立安全感。

■ 活动三：送给彼此的“悄悄话”

活动目标：通过与宝宝分享彼此的秘密，让孩子意识到父母是值得信赖、可以依靠的力量，孩子也在诉说内心“悄悄话”的过程中，学会表达爱、感受爱、接纳爱。

活动准备：录音笔（或手机）。

活动过程：

(1) 父母与宝宝共同寻找家庭中一个温馨、安全的地方，并约定每周在固定的时间进行这项活动。

(2) 在这段时间里，父母与宝宝共同完成一项“悄悄话”的传递任务，即把自己心中的一个小秘密告诉对方，父母鼓励孩子表达，并给予孩子积极的反馈，同时，也尝试把自己的秘密以孩子可以理解的语言传递给他。

(3) 用录音笔或手机的录音功能记录下每次的“悄悄话”，观察孩子情绪情感的变化，这也是孩子成长的见证。

心里的小秘密对于幼儿园的宝宝来说就像是小宝藏一样珍贵,当以"悄悄话"的形式与父母分享时,他们会更加珍惜,也会感受到和父母之间更加密切的联系,从而收获家庭中的安全感,并带着这份爱与力量融入其他社会活动中。

专题 25　身体的哪些部位不能让人碰

情景再现

轩轩 4 岁了,这是他跟着爸爸妈妈第二次到爸爸的老家过年。爸爸家是个大家庭,有很多亲戚,过年的时候屋里来来往往有很多人,大家见到轩轩虎头虎脑的样子,都会抱起来亲一亲他的小脸。轩轩不喜欢别人弄他一脸口水,所以只要有人想亲他,他就用小手挡住自己的脸。有一次,轩轩的叔叔趁他不注意,把轩轩的裤子拽了下来,大声说:"让叔叔看看你是个男孩还是个女孩!"于是,在大家的善意笑声里,轩轩终于反抗了,他抓起桌上的一本书朝叔叔身上扔去。在这件事上,轩轩爸和轩轩妈起了争执。爸爸希望轩轩大方一点,不能那么没礼貌,叔叔是因为喜欢轩轩才和他闹着玩的。轩轩妈则警告爸爸,如果再有类似的事情发生,她就带着轩轩回家,不在老家过年了。轩轩妈认为,这事说小了是闹着玩,说大了就是性骚扰。而轩轩爸则认为,这么点儿的小孩子,怎么就扯上性骚扰了?况且,那是轩轩的亲叔叔,这么说话太伤感情了。

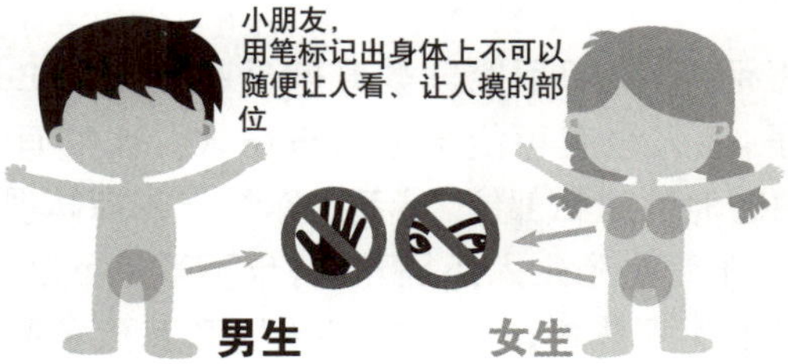

家长困惑

困惑一:孩子身体的哪些部位不能让人碰?什么样的行为算得上是性骚扰或性侵?我们该如何保护我们的孩子?

困惑二:这方面的知识我们很欠缺,而且我们也不太了解该如何教孩子。生活中我们也经常告诉孩子背心内裤覆盖的地方不能让人碰,此外也不知道再说什么了。这方面的教育真的特别需要,但现在找不到这方面的书参考,也不知道去哪里学习。

专家解析

据调查,从 5 岁开始,幼儿遭受性侵害的危险就开始逐步升高。因此,性保护教育应从幼儿开始。但现在，性教育面临着孩子们不懂、家长们迷惘、老师们困惑的事实。幼儿园里的老师也普遍反映，不知道平时性教育应该教到何种程度比较适宜。

一、为什么性侵儿童的案件时有发生

1. 熟人作案导致不易被发现

国内外相关研究显示，大多数性侵犯者是儿童认识、熟悉或信任的人，甚至就是儿童的家人。儿童遭受家人性侵犯通常不容易被发现，儿童也很难主动说出来，性侵犯因而得以长期存在。在我国，根据媒体公开报道案例的统计，大部分性侵儿童的案件是熟人所为，甚至高达 80% 以上是熟人作案。这些性侵儿童的熟人包括亲属、邻居、老师等，且由于各种原因无法立案。

2. 受害儿童家长选择不报案

在我国，受到传统观念的影响，很多受到性侵害的儿童或家长选择忍气吞声，不报案。再就是由于缺乏相应的证据，公安机关无法立案。特别是在一些留守儿童比较多的地区，儿童由隔辈人或其他亲属抚养，由于担心孩子父母怪罪，抚养人会倾向于选择默不作声，甚至有些性侵儿童的人就是儿童的抚养人。基于以上原因，通过法律途径解决儿童性侵的家长就会少之又少。

因此，在日常生活中，我们不能只教育孩子避免与陌生人待在一个封闭的空间，还要告诉孩子，熟人也有可能给你带来伤害。比如有人故意去触碰你的隐私部位，让你去触碰他的隐私部位，或者让你看一些裸体视频、照片等，这些都属于性侵害的行为。不管是陌生人还是熟人，也不管是不是你日常很尊重的、很敬佩的人，只要做了上面那些事，他就是“坏人”，教育孩子要及时地拒绝上述行为，并且要及时地告诉家长。

二、关于儿童性侵的几个盲区

（1）受到侵害的不仅仅是女孩，还有男孩，而且对男孩的性侵害被曝光的可能性更小、隐蔽性更强。

（2）女性也有可能成为性侵犯者。女性侵犯者可能侵犯男童，也可能侵犯女童，甚至侵犯自己的子女。国外的研究结论是，10%~20% 性侵儿童者是女性。

（3）有些性侵犯实施者为恋童癖患者。他们对儿童，尤其是未发育的女童，有强烈的性反应。他们在儿童家长面前表现很好，目的就是多接触几个孩子，寻找单独相处的机会。他们也会找一些小孩到他那里拍裸体照片，甚至还会拍下性侵犯的过程，然后把这些照片上传网络。

行动指南

■ 智慧家长如何做?

专家指出,作为家长,在家庭教育中不应避讳与孩子谈“性”的问题,而对于性侵的防范教育,越早开始越好。长期研究发现,如果孩子在3岁之前就知道,身体是自己的,隐私部位也是自己的,以及他们有说“不”的权利的话,会大大降低未来被性侵的可能,并且他的知识储备会直接对有非分之想的成人产生威慑力。

1. 发现宝宝摸自己的性器官怎么办

孩子脱掉衣服的时候,都会显得对自己的身体很有兴趣,摸摸这、摸摸那,当然包括性器官。当孩子探索身体想知道身体的这些部位都是怎么回事的时候,他就会经常去摸摸。大人不要就认定这是在手淫,因为孩子这样做的目的并不是寻求性刺激,当然,也不能听之任之。最好告诉孩子:抚摸自己的身体本身没有问题,但是,这样手上的细菌容易感染身体。

2. 告诉孩子别人对宝宝的哪些抚摸是可以接受的

孩子通常都非常喜欢让父母、熟悉的家人或父母的朋友抱着和爱抚。但是要让孩子知道哪些爱抚是适度的和善意的,哪些不是。比如,认识的人当中,只有谁可以触碰孩子的哪些身体部位。如果是女儿,则要强调,除了妈妈、姥姥、奶奶,其他任何人都不可以碰你的隐私部位,包括爸爸、爷爷和姥爷。如果医生要检查孩子的隐私部位,必须要有爸爸或妈妈陪着。

3. 如果有人未经允许碰宝宝的隐私部位,要赶紧离开他去告诉父母

孩子往往并不是真的知道身体的哪些部位是绝对不能让别人碰的。要明确告诉你的儿子,他的阴茎、睾丸、肛门,告诉你的女儿,她的乳房、阴部、肛门,这些是非常隐私的部位,任何人,包括爸爸妈妈,没有经过本人的允许都不能触碰。如果有人想摸你的隐私部位,要勇敢地拒绝他,告诉他:“不可以这样做!我回去要告诉爸爸妈妈!”包括其他的小朋友也不能向他提出摸隐私部位的要求,谁都不能摸。

4. 观察孩子平时的行为有无异常

很多猥亵和性侵事件都会发生在“熟人之间”,比如老师、邻居甚至是亲属。父母一定要跟孩子强调遇到事情之后要跟爸爸妈妈讲。但是一般儿童被侵犯后,都会被威胁。孩子在被威胁后,胆子小,自然不敢说。可不说不代表孩子的表现不会出现异常,家长能否捕捉到异常,也是阻止事件恶化的关键。

5. 如果有证据发现孩子被猥亵或性侵,要马上报警

如果孩子出现行为和心理的异常,告诉孩子这不是你的错,是坏人犯了错,这个坏人应该受到惩罚。之后要给孩子做好疏导,除了配合警方的调查之外,家长要告诉孩子你是安全的,我们会保护你,你什么都可以告诉我们。同时如果需要心理辅导,要及时找心理咨询师。

6. 家长要学会识别危险情景和潜在侵犯者发出的危险信号

(1) 要留意孩子所处环境是否安全,例如,照看孩子的人、寄宿的地方、公园、公交车、孩子接触互联网和移动设备上的信息等都要留意。

(2) 不要让孩子独自在外过夜。

(3) 留意与孩子有密切接触的人,无论他/她是谁,要相信你的直觉(例如,不对劲、不舒服、怪怪的等)。

(4) 不要让你不了解、不放心的人与你的孩子单独在一起。

(5) 不要让有以下行为的人单独接触你的孩子(无论是陌生人,还是熟人或家人):

- 有性侵犯儿童的前科。
- 有不正常的性观念和性行为。
- 热衷与孩子谈性话题。
- 经常有意或“无意”地观察或触碰孩子的身体。
- 对孩子过分亲热、特别关注。
- 常看色情书刊和音像制品,收集儿童色情图片或视频。
- 经常找借口单独和孩子在一起。

自助训练

■ 活动一:画图认识哪些地方不能让别人碰

许多孩子不能正确认识自己的隐私部位,甚至遇到性侵也不知道是危害自己的行为。作为父母,关键还要学会告诉孩子哪里不能被人碰。父母可以用画图的方式,在一张纸上画出男孩和女孩。画好以后,让孩子用红笔标记出男孩和女孩身体不能让别人碰的部位。这种方式比较适合孩子认知的特点,直观简单,效果很好。

■ 活动二:“不许动”游戏

身体的有些部位是非常隐私的,不能随意让外人触摸,为了帮助孩子强化这个概念,父母可以跟孩子玩“不许动”的游戏。先是让孩子用手指尝试碰触父母身体的某个部位,当碰触的是隐私部位时,大人就说“不许动”!然后再换角色,家长用手指尝试碰触孩子,让孩子对隐私部位的碰触说“不许动”。这样做的次数越多,孩子的自我保护意识就会越强。孩子从游戏中得到玩耍的乐趣,也学会了自我保护。

■ 活动三:我该怎么办

活动目标:帮孩子正确分辨“亲密行为”和“性侵害行为”,并知道如何处理。

活动过程:这个活动是在宝宝了解了身体哪些部位不能随意让人碰之后,进行的“演习”训练。家长可以带着宝宝一起通过角色扮演的方式,帮助宝宝区分“亲密行为”和“性侵害行为”。如家长用手摸摸宝宝的头或脸,然后问宝宝,这样的触摸是不是被允许。然后再用手触碰宝宝的隐私部位,当宝宝指出这个部位不能碰时,让宝宝练习通过简单的用语直接拒绝。例如使用“不要摸/碰我”,“不要看我”,“我不喜欢/不舒服”等。然后再告诉宝宝,以后遇到类似的遭遇,要及时告诉父母。

专题 26　公共场合走丢了怎么办

情景再现

我怎么也没有想到，像我这么在意孩子的妈妈，也会把孩子带丢了。现在想起来还是特别后怕和后悔。

周日的早上，我带 4 岁的宝宝去动物园。我们坐上了公交车，我一路和宝宝聊着幼儿园里发生的好玩的事。突然电话响起来了，是闺蜜打来的，这两天她遇到工作上不顺利的事心情不好，我就在电话里耐心地开导她。不知不觉就到了动物园站，可是当我想拉着儿子的手下车时，却突然发现刚才还坐在我旁边的宝宝居然不见了。我发疯一样喊着宝宝的名字，可是车上没有啊！我居然都不知道孩子是从什么时候不见的。这时候司机和其他乘客都劝我不要着急，提醒我可以通过回看车里的监控查一下孩子是从哪站下车的。可是回看监控是要走流程的，我当时都急哭了。最怕的就是孩子被人贩子拐走了。又过了 20 分钟，我的电话响起来，是一个陌生人打来的，说是路边遇到一个孩子，这孩子说他和妈妈走散了，让给妈妈打个电话。当电话里传来儿子的声音时，我更是泣不成声，按电话里好心人说的地址，找到了宝宝以及一直陪在他身边的好心人。才知道刚才有一站，儿子看到有一个穿着和我一样连衣裙的人下车了，以为是我，就跟着下车了，刚下车就发现这个人不是妈妈。于是儿子就在冷静下来之后，请路边的阿姨打电话给我。幸亏孩子记得我的电话号码，否则后果不堪设想啊！经过这件事，我算是长记性了。在公共场合带孩子，一定要把精力都放在孩子身上，大意不得啊。

家长困惑

家长常会带着孩子外出活动，比如去商场、图书馆、饭店或者走亲访友、外出旅游等。孩子在淘气的年龄，对什么都好奇，而这些公共场合里，人又特别多，孩子特别容易走失。其实在生活中，很多家长也会教给孩子一些走丢后的应对办法，但是也有很多家长并未对此引起足够的重视。而一旦发生孩子走丢的事，后悔都来不及。那么，如果孩子和家长不慎走散了到底该怎么办呢？

专家解析

一、孩子为什么容易走丢

1. 家长疏忽

有一些粗心大意的家长，在带孩子的时候忙别的事情，或是低头看手机，从而导致孩子离开家长的视线。还有一些儿童走丢的案例表明，全家人一起出游，大家都认为孩子有人看着，实际上没有明确责任人，“我以为谁谁谁看着呢”这些想法，可能会造成极大的危险。因此，一家人带孩子外出时，一定要明确是谁看。

2. 孩子好奇心驱使

一般在外出的时候，五彩缤纷的世界就展现在孩子面前，孩子对周围的一切都充满了好奇，而在这种好奇心的驱使下，孩子就忘了大人交代过的“不要乱跑”。尤其是老人带孩子的时候，孩子跑得快，老人可能由于跟不上孩子的脚步而使孩子跑出视线。

3. 让孩子原地等待是个很难完成的任务

很多家长平时也教育孩子，如果找不到家长的时候，就站在原地不动等家长。孩子可能当时答应得好好的，但真的遇到走丢的情况，孩子就会乱跑。这不是因为孩子不听话，而是孩子不善于等待。

二、孩子容易走丢的场所

1. 公园

公园是父母最经常带孩子去的地点之一，而由于场地开阔，人员众多，公园成了孩子最容易走失的一大场所。

2. 动物园和游乐园

动物园和游乐园的景点往往是孩子们的最爱，因此当离开父母视线之后，孩子可能还会返回或者滞留在原有的场馆。等到孩子回过神来，再跑出去追父母时,由于人多,孩子很容易走失。

3. 博物馆和科技馆

统计资料显示,虽然3至4岁及以下的孩子也有走失的,但因这个年龄段的孩子父母看得紧,所以所占比例较小。5岁到10岁的孩子由于活动自主性比较强,因此是最容易走失的,家长在带孩子逛博物馆、科技馆等人较多的场所时,必须加倍小心。

4. 庙会和灯会

每年庙会和灯会都是儿童走失的高发地。此类场所,最大的特点是人多,人员流动性大,孩子很容易因为人流的阻隔,而脱离父母的视线。夜晚的灯会等场所人流密集、灯光昏暗,更容易发生走失事件。提醒家长最好和孩子手牵手进行游览。

5. 快餐店

快餐店里也时常发生孩子走失的事情,多因家长在结账取食物的时候疏忽了孩子是否在身边而发生。

6. 超市和商场

超市和商场是人流较大的购物场所,之所以会成为孩子丢失的重灾区,主要是因为在此类场合中,大人往往专注于选购商品、试穿衣物等,很容易忽视对孩子的照看。

7. 火车站

每到节假日,火车站就会成为最繁忙、人流最多的地方,而且各色人等混杂其中,一定要小心防范孩子走失。

8. 小区门口

由于小区门口是在自家门前,因此很多家长放松了警惕,其实在小区门口走丢的孩子也占了走失儿童中相当大的比例。

行动指南

■ 智慧家长如何做?

如何才能教会孩子在公共场所避免走丢,万一走丢了又该如何沉着冷静地处理和寻求帮助呢?

1. 出门前,家长做到以下几点,预防孩子走失

(1)家长在平时的教育中,通过绘本、动画、视频加强对孩子的安全教育。让孩子从书本、视频中学会保护自己,分辨好坏。适当地让孩子了解现实社会状况与警示案例,让孩子了解不可盲目相信陌生人。

(2) 出门前,可以给孩子佩戴儿童电话手表。这样一旦与孩子走散,父母和孩子双方都可以第一时间打电话给对方。父母还可以给孩子的位置做定位,更可以一键接听,这样即使孩子没接通电话父母也能听到孩子周围的声音,从而判断孩子的所在位置。

(3) 若带孩子外出,尽量给孩子穿鲜艳的衣服,便于寻找,并确保孩子不离开自己的视线。迫不得已要短暂离开孩子,一定要交代孩子大人要去哪里,多久回来,叮嘱孩子别乱跑。

(4) 如果可以,尽量两个以上的成人带孩子一同出行,保证外出过程中始终有成年亲人关注孩子。

(5) 家长也可以在孩子的包里或衣服内侧制作简单的防走失卡片,写上孩子名字、出生年月、血型、家长联系方式,以防万一。

2. 万一走失,教会孩子做到以下几点

(1) 孩子在哪里跟爸爸妈妈走散,就在原地等待,不能乱走乱窜。不要害怕、惊慌,更不能哭闹(一旦哭闹,就会让坏人知道孩子和大人走散了,这样就会很危险)。一般不用多久父母就会来找孩子。

(2) 要第一时间找到警察、保安或其他工作人员,请求他们的帮助(认准穿制服的人),能够清楚描述自己的处境、状况并提供家长的联系方式给他们,或让工作人员帮忙广播寻找父母。

(3) 如果有陌生人主动提出帮助,可以让他帮忙拨打爸爸妈妈的电话,但是千万不要跟着陌生人离开,如果记不得家长的电话,可以请求对方帮助拨打 110。

(4) 不要吃陌生人给的任何东西,并且不要轻易相信别人,尤其是不要相信“我是你爸爸妈妈的好朋友”等说辞,并且明确告诉陌生人,父母就在附近,或用“爸爸马上就要来接我”的话,把陌生人吓走。假如陌生人还缠着你,就声东击西,趁其不备朝人多的地方跑,大声求救以引起路人的注意。

(5) 让 4 岁以上的孩子熟记家长电话和家庭地址,平时在家多练习。5 岁以上的孩子,有必要让他学认路和辨别方向,知道距家最近的公交站名等。

(6) 平时在宝宝能理解的情况下,可以和宝宝做一些约定,比如宝宝找不到妈妈了,可不可以在喷泉这里等妈妈一下,妈妈很快会过来接宝宝。

3. 万一走失,家长要做到以下几点

在孩子走丢后的 24 小时非常关键,可以称之为“黄金 24 小时”。如果孩子脱离了自己的视线,简单查找后仍然不知去向,那么可以做以下几步。

(1) 首先告诉自己,不要慌,无助的宝宝还在等着自己。

(2) 报警! 有人说孩子失踪 24 小时才能报警,那是谣言。一旦发现孩子走失,应第一时间拨打110报警,并告知孩子姓名、年龄,走失时间,走失的大致范围,孩子明显特征等。

(3)报警后,可以先在附近小范围地查找或是通知家人尽快到场帮助查找;如果是在商场内,可以马上找到附近保安,说明情况,请商场保安帮助查找,尤其要注意各个出口的监控;如果是在开放区域,先回想,是否宝宝有特别想去的地方,或与妈妈约定过的见面地点;查看当地是否有广播可以帮助查找,等等。

(4)动员全家,分头寻找。

(5)想办法找个广播站。广播时,一定要讲清楚孩子的特征,父母联系方式。如穿什么颜色衣服、身上有什么明显的标志(例如胎记、痣等),父母的姓名和联系方式等。

(6)调看监控录像。到事发地附近调看监控录像。

自助训练

■ 活动一:"我走丢了"模拟训练

可以在家里邀请家庭成员扮演路人、警察、"坏人"等。以此模拟在不同的情景下孩子该如何自我保护。

情景一:陌生人主动过来搭讪,并提出带宝宝一起去找妈妈,还给宝宝买好吃的。

情景二:没有陌生人搭讪,但是路人也没有注意到这个走失的宝宝,不远处看到了保安或场馆工作人员。

■ 活动二:通过故事对孩子进行防走失教育

告诉孩子:外出时,要紧紧抓住爸爸妈妈的手,千万不要离开爸爸妈妈。例如给孩子讲故事《小兔汤姆走丢了》,以孩子的视角看世界,通过故事中主人公遇到问题之后的行为,让孩子模仿,从而掌握自我保护的方法。

■ 活动三:我在这里

活动目标:帮孩子模拟在走失以后如何找到家长。

活动过程:建议这个游戏让更多的家人参与,人多可以更好地模拟走失情景。如果没有更多的家人参与配合,也可以通过使用玩偶代替路人。

游戏时，爸爸妈妈站在人群中，这时，可以用背景音乐增加模拟情景的真实感。然后爸爸妈妈在人群中大喊宝宝的名字，当宝宝听到爸爸或妈妈的喊声时，要大声喊“我在这里”，并迅速挥动手臂，让爸爸妈妈看到。其他家人在这个过程中可以进行捣乱、干扰视线，比如手里拿着帽子挡住孩子与爸爸妈妈相望的视线。孩子要一直喊着“我在这里”这句话，直到爸爸妈妈和孩子拥抱在一起。

专题 27　藏在家里的危险有哪些

情景再现

爸爸终于回来啦！他到外地出差都两个星期了，南南特别想念他。

“我得看看爸爸给我买什么礼物了！”南南一边想着，一边进了爸爸的房间。

南南在爸爸的行李箱里仔细地找着。哇！这个礼物太棒了！南南发现了一支小手枪！居然还有开关！“啪！”南南按下开关后，一股火苗蹿了出来。原来，这是一个打火机。南南想，我拿着它到楼下木木家，让木木看一下，这可比他那个会发光的玩具机关枪酷多了。

在木木家里，南南给木木看了这个“小手枪”，木木提议说：“咱们拿‘手枪’练习一下射击好不好？”于是，两个人找来几张纸，然后就用“手枪”喷出来的火苗当子弹，玩起了射击游戏。火苗接触到纸的时候，“呼”的一声，整张纸一下子全着了。他们俩吓坏了，赶紧把“手枪”扔在了地上，再也不敢碰了。

家长困惑

困惑一：以前还真是没想过，家里也会有危险。在宝宝小的时候，我们都是一大家子人看着他一个人，所以也没觉得家里会有什么危险。直到有一次，宝宝在爸爸的工具箱里翻出了一根铁丝，在他尝试往电源插座里捅铁丝的时候，幸好被奶奶发现了，否则后果不堪设想。在日常生活中，家里的危险还有哪些呢？

困惑二：宝宝过了 3 岁以后，动手能力变强，于是家里各种目光所及之处，都有可能成为引发他兴趣的点。比如拿着放大镜对着阳光照，看什么时候能把下面的纸点着。家长也不能时时刻刻跟在他后面啊，这安全教育得怎么做啊？

专家解析

看似最安全的家，其实也是危险重重的。烧伤、烫伤、坠楼、吞异物……这触目惊心的一幕幕，全都是孩子在家里发生的意外。所以，家里的锋利物品和药品、化妆品、杀虫剂、塑料袋、热水瓶等，一定要放到孩子够不到的地方；有条件的家庭，插座也要换成儿童安全插座；在开窗户的时候，不要让孩子单独靠近窗户、阳台。当然，最重要的，还是要让孩子意识到危险性，让他们自主地远离这些危险。

我们对孩子真正的期盼是什么

有专业报告显示，我国 1—14 岁儿童中，意外伤害为其首要死亡原因，占儿童总死亡的 31.3%。超过 60% 的儿童意外伤害发生在家中，家庭，竟然成为儿童意外伤害发生率最高的场所！那么，藏在家里的危险有哪些呢？

一、家具

家里家具，如茶几、柜台的边角尖锐，一旦发生磕碰，极有可能导致小孩磕伤。宝妈宝爸要仔细检查家具的金属配件是否坚固，是否有突出部位等，可以给茶几、桌子等家具贴上防撞角或者防撞条，避免宝宝被磕伤。另外，当孩子爬上柜子找东西时，会使本来就不稳的柜子失去平衡而瞬间倾翻，将宝宝压住。因此，为了安全起见，所有高度超过 60 厘米的大家具都必须固定在墙上。建议大家将重物放置在靠墙收纳家具的最下方，将重心降低，这样更利于增强家具的稳定性。

二、玩具

带绳、带线的玩具往往会给宝宝带来危险。小孩喜欢牵着绳子拉动或甩着绳子玩耍，这样容易导致绳子缠在孩子手指或脖子上，时间一久，轻则造成指端缺血坏死，重则窒息。因此在选购带绳玩具时，绳子长度不宜超过宝宝颈部周长。最好不要让年龄太小的宝宝接触这类玩具，比如带绳饰品、悠悠球等。

气球类玩具也存在多种隐患，首先是气球爆炸容易给孩子造成伤害，特别是氢气球，如果遇到火焰，还能引起剧烈的燃烧；其次是气球碎片一旦进入孩子的呼吸道，是很难取出的，直接危及孩子生命。因此，孩子玩气球时，家长要多加注意，如果气球被孩子抓破，要及时清理每一块碎片，以免被孩子吞食。

体积较小的玩具或饰品也极易被孩子吃到嘴里而造成窒息。平时要将这些玩具放在安全的地方，不要让孩子轻易拿到。在孩子还不能自主分辨哪些是玩具、哪些是食物的时候，一定要避免让孩子接触到太小的玩具。在选购玩具的时候，要注意其体积必须大于孩子口腔直径才可以购买使用。

三、楼道扶梯、台阶、阳台等

对生活在高楼大厦里的孩子而言,阳台和窗户是他们看世界的绝佳观景台,这两个地方也是孩子最常发生坠落的地方。除了高处坠落,也要提防低处坠落的危险,比如楼梯、台阶。除此之外,楼道的扶梯经常成为孩子的“滑梯”,而这个“滑梯”的危险系数是相当高的。

四、开水

小朋友好奇心都很强,他们会对热水壶里冒出来的水汽感兴趣,有的小朋友甚至把手伸到装有热水的壶口玩,不小心就会被烫伤。细心的家长都不会把开水放在宝宝容易拿到或者碰到的地方,但是也有粗心的家长忘了危险性而随便放置装有开水的杯子或者水壶。宝宝最喜欢玩水,因此,热水壶或杯子不要放到宝宝可以够到的地方。此外,把热水壶放在茶几等高的地方,容易掉下来砸伤、烫伤小朋友,热水壶的内胆破碎后容易划伤小朋友。

五、电源插座

宝宝很喜欢把食指插到各种小洞、小孔里探索,电源插孔也是他的目标。因此需要在所有插座上加一个安全防护罩。所有电线最好放在宝宝够不着的地方,以防宝宝拉扯电线、插头等摔倒或者触电。用电时,让宝宝远离,或者有人在旁边守护。比如在熨烫衣服的时候,千万不要将熨斗接电之后走开,以防宝宝误碰而烫伤。

行动指南

■ 智慧家长如何做?

现实世界中的危险防不胜防。让我们的孩子免受伤害,是我们每一个家长的心愿。因此,一方面我们要在宝宝小的时候,在他还不具备自我保护能力的时候,给孩子创造一个安全的环境,或者使我们的宝宝处于安全的监护之下。另一方面,在宝宝渐渐长大以后,我们更要主动地教孩子一些自我保护的常识,让孩子有能力去应对复杂环境下的各种情况。

1. 父母首先要提高警惕和安全意识,保护孩子的安全

尤其是年龄尚小的宝宝,一定要使其一直处于自己的视线范围内。有些父母习惯用“余光”盯孩子,其实人的余光具有欺骗性,它只能看到一个人的轮廓,这样的做法很容易出问题。应该能跟着就跟着,能正面看着就正面看着,意外往往就发生在几分钟内。当宝宝可以翻身、爬行和站立以后，发生危险的概率也大大增加。所以，要让孩子始终在自己的视线中，这就需要父母提高警惕和安全意识。同时，还要注意不给幼儿体积小、锐利、有毒的玩具及物品，如珠子、扣子、别针、图钉、硬币、小刀、剪子等，以免被幼儿塞入耳、鼻、口中，造成耳、鼻、气管及食管堵塞，或引起刺伤、割伤及中毒等。

2. 逐渐培养宝宝的安全意识

随着孩子渐渐长大，家长也不能每时每刻都陪伴在孩子身边。让孩子自己意识到安全的重要性，具备自我保护的知识和能力，才是最根本的解决办法。孩子的安全意识要从小培养，家长可以借助绘本、故事、视频等帮孩子建立安全意识。当然，幼儿园也会在日常教育和生活中宣传、普及安全常识。只有家园携手共同努力，孩子才会少一分危险，多一分安全。

自助训练

■ 活动一：跟孩子一起熟记各种求助电话

可以采用抢答的方式跟孩子一起记住这些电话号码。

特种服务	电话号码
匪警	110
火警	119
急救中心	120
交通事故	122

■ 活动二：角色扮演（陌生人来敲门）

情景一：宝宝一个人在家，如果有一个人说是爸爸同事，敲门的时候宝宝该怎么办呢？提示宝宝听见敲门声不要立即开门，可以先从防盗门的猫眼里看看是谁。通过角色扮演，让孩子知道，对于不认识的人敲门，原则就是说什么也不给开门，不过多交谈。

情景二：宝宝一个人在家，如果是一个认识的远房亲戚来敲门，这时候怎么办？让宝宝把握原则，不随便开门，并给家长打电话求证。

■ 活动三:知识问答

对于一些安全知识的掌握,家长和孩子可以用你问我答的方法来进行。

比如下面的一些问题:

- 可以把手伸进热水壶吗?
- 打火机可不可以摔?
- 如果有一件小朋友很喜欢的玩具掉到床底下,可不可以用打火机照明去捡?
- 遇到火灾时怎样离开火场又快又安全? A. 乘电梯　B. 走楼梯
- 火灾烟雾很浓时可以用干毛巾还是湿毛巾捂住口鼻?
- 液化气的开关能当玩具吗?
- 煤气泄漏怎么办? A. 开窗　B. 关窗
- 有人触电怎么办? A. 伸手拉他　B. 切断电源

■ 活动四:认识生活中哪些物品会导电

让孩子知道金属制品都是导电的,千万不要用这些工具直接与电源接触。如不用手或导电物(如铁丝、钉子、别针等金属制品)去接触、探试电源插座内部。使孩子明确水也是导电的。如电视机开着时,不可用湿毛巾擦,防止水滴进入机壳内造成短路,机毁人伤;不能用湿手接触插头,避免触电等。

专题 28　祖辈父辈如何一起养育宝宝

情景再现

女儿囡囡上幼儿园都半年了,而且适应得也不错。可是在家里的时候,囡囡的奶奶总是以宝宝还小为理由,吃饭穿衣这些事还是替孩子做。囡囡的妈妈怕影响婆媳关系,就让囡囡爸爸劝奶奶不要总是惯着孩子,要让孩子学会自理。可奶奶非但不听,还数落爸爸和妈妈不会照顾孩子。囡囡妈妈非常无奈,甚至想一家三口搬出去住,无奈平时她和囡囡爸爸都要上班,接送都得靠爷爷奶奶,只得作罢。这种隔代教育孩子观点的不同,使得原本和谐的家庭有了矛盾。

家长困惑

困惑一:平时在我家是姥姥帮忙带孩子。最受不了的就是姥姥总给宝宝穿得特别多,我提醒她好多次了,说孩子的运动量大,容易出汗,平时不要穿那么多。可是姥姥嘴上答应,到时候还会给宝宝穿得里三层外三层。

困惑二:我儿子特别爱吃零食,爷爷每次带他下楼都会去小区的小卖部买糖。因为这事我没少生闷气。儿子的牙好几颗都出现龋齿了,可是爷爷不以为然,总是说什么孩子的牙都会换的。还说他儿子小时候家里困难,没吃过什么好东西,现在得在孙子身上补偿。

在生活中,很多祖辈都愿意抚养孙辈,在享受天伦之乐的同时也减轻了儿女的负担。可是,祖辈和父辈在育儿观上会有很大的差异,这种隔代抚养的模式会出现很多摩擦。面对这些分歧和矛盾,我们该如何处理呢?

专家解析

年轻的父母都希望自己能亲自带孩子。但是由于工作等原因,很多父母会请隔辈人帮忙带孩子,由祖辈带孩子一来可以省下不少雇佣保姆的费用,二来也更放心。但是,在教育孩子的过程中,祖辈和父辈由于观点和经验的不同,又会产生很多矛盾。

一、隔代教养的优势

对年轻的父母来说,隔代教育可以让他们有更多的时间精力投入到工作中去。对于祖辈来说,他们的经验丰富,隔代教养能让他们晚年生活更加充实,还能拉近他们与子孙的关系,而且能够为自己的子女分担压力,会让祖辈更有成就感、价值感。对于幼儿来说,父母没有太多的时间陪伴,爷爷奶奶的陪伴就显得尤为重要,“隔代亲”会让爷爷奶奶对幼儿更有耐心。

二、隔代教养容易出现的问题

1. 会导致亲子隔阂

孩子和祖辈生活的时间要远远长于父辈,会对父辈产生疏离感,时间久了,就会与父辈产生隔阂。与此同时,孩子对祖辈会形成感情依赖,当父辈管教子女时,祖辈常出面阻拦,成为孩子的挡箭牌,长此以往,很容易造成祖辈与父辈的矛盾,从而产生隔阂。

2. 阻碍孩子独立意识的形成和独立行为的发展

溺爱是祖辈带孩子的主要问题。“隔代亲”会使祖辈过分溺爱孩子,对孩子关怀备至,百依百顺,不管孩子提出的要求是否合理,一律给予满足。祖辈对孙辈常常有求必应,包容缺点,体谅错误。在这样教养模式下长大的孩子一般生活自理能力差,还会比较霸道。这样的教育必然阻碍孩子独立意识的形成和独立行为的发展。

3. 影响孩子的身心发展

一般父母养育孩子,在饮食方面会特别讲究,会根据孩子年龄特点做科学的营养搭配。而祖辈一般会按照传统的方式来喂养幼儿,他们会认为“我自己的孩子就是这么带大的,不也健健康康的吗?”另外,祖辈对孙辈的挑食行为常常没有底线,百依百顺,经常可以看到祖辈带着年幼的孩子吃冰激凌、棒棒糖,喝饮料等。长此以往,幼儿会养成不健康的饮食习惯,不利于孩子的健康成长。

其实,无论是爸爸妈妈带孩子,还是祖辈帮忙带孩子,目的都是一样的,都是希望能给宝宝提供更舒适的生活，创造更好的成长环境。因此，这并不是无法调和的矛盾，只要父辈与祖辈达成共识，不仅会使宝宝得到更好的培养，还可以增进三代人的感情，使家庭生活更温馨幸福。

行动指南

■ 智慧家长如何做?

1. 理想的家庭教养方式是“父辈为主、祖辈为辅”

对于年轻的父母来说，工作固然重要，但是要注意平衡好家庭和工作的关系，为幼儿营造温馨的家庭氛围。父母更要明确自己的责任，自己的孩子必须自己教养。父母的陪伴对幼儿的教育成长来说是必不可少的，父母给孩子的爱以及教育是祖父母无法替代的。父母要多与祖辈沟通，在尊重老人的同时，也要告诉祖辈科学养育的新理念。父辈还要与祖辈达成共识，教育要以父辈为主，祖辈为辅。

2. 和谐的亲子关系是家庭教育的根基

这里的亲子关系是指祖辈与父辈、父辈与孙辈的家庭氛围，和谐的亲子关系更有利于孩子的成长。在关注孙辈成长的同时，也要关注祖辈被尊重被需要的心理需求，家庭氛围和谐、宽容，家庭成员互相理解、尊重，这样的家庭氛围对孩子社会性的发展、性格的养成是非常有价值的。

3. 父辈与祖辈都要调整好心态，多沟通

祖辈帮着带孩子不是本分，是为了帮儿女减轻负担。父辈应尊敬老人，孝敬老人，理解老人，时时处处以身作则，做孩子的表率。祖辈也要维护父母在孩子心中的地位和形象，在父辈教育孩子的时候，祖辈不要出面干涉。如果当着孩子的面争论，孩子会觉得无所适从，滋生不良心理。

两代人要多沟通。如果在教育孩子的问题上有分歧，要心平气和地私下沟通，当着孩子的面，要尽可能达成一致。

4. 孩子不是温室里的花朵，祖辈要学会放手

幼儿和儿童时期恰恰是孩子求知欲强、体力和脑力活动充沛的关键时期，孩子通常爱户外奔跑、跳跃、尽情玩耍，但考虑到安全因素，祖辈总是希望孩子乖巧、听话，安安全全别出格，不愿意让孩子过多地去探索。在这方面，父辈要及时和祖辈沟通，小孩子磕磕碰碰很正常，打消祖辈的顾虑。只有这样，祖辈才敢放手让孩子去“捣乱”，去“破坏”，去探究。

5. 周末、假期父辈最好自己带孩子，给祖辈放放假

平时父辈上班，早出晚归，祖辈承担照顾孩子的责任，祖辈几乎没有属于自己的时间,父辈与孩子单独相处的时间也太少。都说陪伴是最长情的告白,父辈要利用周末以及假期的时间,常带孩子去公园、游乐场、博物馆、早教中心等场所,接触更多的新鲜事物;要多陪伴孩子,陪孩子做游戏,给孩子讲故事、在互动中“植入”一些有关认知方面的教育;要让孩子多和同龄小朋友一起玩,让孩子学会沟通,学会分享,学会和小朋友相处。

祖辈帮忙带孙辈,舍弃了自己原先的生活方式。周末、假期父辈自己带孩子,要给祖辈留出一些时间和空间,让祖辈做一些自己喜欢做的事。老人可以约上三五好友,一起爬山、一起下棋、一起健身,改善一下祖辈带孩子的枯燥和高压的生活。

自助训练

■ 活动一:我长大了

活动目标:通过活动,让孙辈和父辈感恩祖辈对家庭的付出,使家庭关系更融洽。要让祖辈意识到孙辈已经长大,已经具备自理能力,要让祖辈给孩子成长的机会。

活动准备:眼罩、脸盆、毛巾。

活动场地:家庭。

参与成员:祖辈、爸爸、妈妈、孩子。

活动过程:

(1) 给祖辈戴上眼罩,在卧室等待。

(2) 客厅准备好两把椅子。

(3) 让孙辈搀扶着老人走到客厅,坐在椅子上。

(4) 父辈给老人准备好洗脚水,让孙辈端到祖辈跟前,让孙辈帮祖辈洗脚、擦脚。

(5) 亲子沟通:让孙辈说出自己的感受,祖辈平时照顾他们起居,是不是很辛苦?祖辈说出自己的感受,孙辈已经会为您洗脚,他是不是长大了,会做一些力所能及的事情了?

小结:孙辈和父辈感恩祖辈对家庭的付出,也让祖辈意识到孙辈已经长大,已经具备自理能力,平时可以让孙辈自己做一些力所能及的事情。

■ 活动二:听爷爷奶奶讲爸爸小时候的故事(或听姥姥姥爷讲妈妈小时候的故事)

活动目标:增进全家人的感情,宝宝通过父母小时候的故事学习他们的优秀品质。

活动过程:

(1) 一家人找一个合适的时间团聚,由爷爷奶奶或姥姥姥爷给宝宝讲父母小时候发生的事,注意讲的故事一定要积极正面,让宝宝能从父母的身上学到好习惯、好品质。

(2) 老人在讲这些故事的时候,父母可以在旁边补充,并跟宝宝分享当时自己的感受,以及现在的领悟等。

专题 29　父母教育宝宝观点不一致怎么办

情景再现

书房是爸爸的宝地，密密麻麻的书排列得整整齐齐。奇奇喜欢去书房里玩，在高大的书架里面穿梭，像是在捉迷藏，而且奇奇特别喜欢爸爸的画册，经常几大本一起抱出来，放在地下翻看。

今天，奇奇从书房里哭着跑出来了，一边擦眼泪，一边哑着嗓子喊"妈妈"。原来奇奇撕坏了爸爸的一本画册，被爸爸骂了一通。妈妈把奇奇抱在怀里安慰："奇奇不哭，爸爸那么小气，我们不理他了！不就是几本书嘛，妈妈帮你买了赔给他！"

家长困惑

在养育孩子的过程中，父母教育观点不一致的现象太普遍了！有时候是因为孩子发烧了该吃退烧药，还是该物理降温；有时候是因为该不该给孩子报课外班，如果报课外班，该让孩子学点儿什么；还有的时候居然是因为周末该带孩子去哪儿玩这种问题。结果父母总是争来争去，都想说服对方。教育孩子应该以一个人的观点为主吗？还是谁有道理听谁的？

用发展的眼光看孩子

专家解析

在如何教育子女这个问题上很多夫妻出现了矛盾。夫妻双方的成长环境不同，各自原生家庭教育理念不一致，就会导致夫妻育儿观念的分歧，因而带来教育行为上的差异。有些家庭甚至出现夫妻互相“拆台”甚至“争吵”的情况，只是程度不同而已。面对这种教育观点的不一致，我们该怎么办呢？

教育孩子时夫妻相互“拆台”，一般会给孩子带来哪些不良影响呢？

一、父母两人意见不统一，会让孩子困惑，无法很好地形成是非观念

生活中有一个定律叫做“手表定律”，它是指拥有两块以上的手表并不能帮人更准确地判断时间，反而会制造混乱。手表定律所指的另一层含义在于，每个人都不能同时挑选两种不同的行为准则或者价值观念，否则那个人的行为将陷于混乱。

家庭是孩子步入社会之前的试验田，很多为人处世的道理，孩子都是在家中潜移默化地学会的。通过一次次被批评和被表扬，孩子的是非观念得到强化，知道什么是对的，什么是错误的，知道什么样的事情应该做，什么样的事情不应该做。

二、教育观点的不一致对孩子的道德培养会产生不利影响

如果教育孩子时夫妻经常吵架或有分歧，孩子会慢慢地学会利用这种分歧，很快就能辨别哪一方的意见对自己更有利，便会“站”在对自己更有利的那一方，甚至等着两个家长“内斗”。长此以往，孩子很可能变成一个很会看脸色、见风使舵的人。这不利于孩子的道德培养。

三、不利于父母权威的建立，父母得不到孩子的尊重

教育孩子时，如果爸爸比较严厉，妈妈比较温和，总是包容宠着他，他可能遇到事情直接找妈妈商量。如果妈妈很强势，爸爸教育孩子时妈妈经常拆台，会导致爸爸没有什么话语权，爸爸的意见总是得不到尊重，孩子就会瞧不起爸爸，爸爸在孩子面前便会威信全无，起不到教育孩子的作用。

四、不利于孩子平等地对待他人、尊重他人

我们平时都会教育孩子学会倾听，倾听是对别人最基本的尊重。可夫妻间的相互拆台就是一个反面教材，孩子会在父母那里习得这种不好的习惯，不利于孩子平等地对待他人，尊重他人。

行动指南

■ 智慧家长如何做？

1. 从改善夫妻关系做起

在一个家庭中，应该把夫妻关系放在第一位，俗话说“夫妻同心，其利断

金”。只有夫妻关系融洽，婆媳关系、亲子关系才会和谐，家庭才会幸福，其他的问题才会迎刃而解。

2. 夫妻达成共识后尽量按照确定好的方案来执行

夫妻双方来自不同的原生家庭，对于孩子的教育问题难免会有不同的理念。夫妻应该提前沟通，就教育方案达成共识，而教育方案一旦确定，所有的教育安排就应尽量按照确定好的方案来执行。

3. 认清家庭教育的真谛

很多父母的通病就是“护子”心切，自己教训孩子时候可以发脾气甚至打骂，但一看到别人教训自己孩子就受不了，如果父母以这样的心态来教育孩子，必定会产生争吵。我们要知道，父母教育孩子，都是为了孩子好，可是如果因此产生冲突，引发争吵，甚至引发更大的矛盾，会不利于家庭的和谐。

4. 教育孩子要保持连贯性

父母在教育孩子的时候千万不要“朝令夕改”，更不要三天打鱼两天晒网。今天爸爸要求孩子写完作业才能看电视，明天妈妈又说看会儿电视再写作业也未尝不可，这样孩子会产生“错乱感”，会质疑父母教育的权威性，不利于好习惯的培养。

5. 夫妻双方要学会给足对方面子，巧妙化解冲突

在教育孩子时，有的家长难免会非常生气甚至要体罚孩子。这时候另一方一定要学会巧妙化解，不要让孩子“硬碰硬”。这个时候可以把孩子和教育孩子方分开，告诉孩子他错在哪里，并且要告知孩子“爸爸 / 妈妈很生气”，让孩子意识到自己的问题，去找爸爸 / 妈妈道歉。这样既保护了孩子，教育了孩子，也树立了另一方的威信，给足了对方面子。

自助训练

■ 活动一：我们的家规

活动目标：通过亲子沟通，共同制订家规，推动家规的执行，避免夫妻在教育理念上的冲突。

活动准备：彩笔、白板纸。

活动场地：家庭。

参与成员：爸爸、妈妈、孩子。

活动过程：

(1) 夫妻先达成共识，制订家规的目的是什么，需要制订哪方面的家规。

(2) 要让孩子参与制订家规的过程。

(3) 家规制订完成后要逐一举手表决是否通过。

(4) 所有家规全票通过后每个人要签字。

(5) 把家规贴在家里显眼的位置。

(6) 每周复习一遍家规。

(7) 亲子沟通:经过一周的执行后亲子沟通,反馈家规是否合理,若有需要调整的地方,举手表决全票通过后方可调整。

(8) 修正完善家规。

■ 活动二:假如我是你

活动目标:父母在育儿问题上换位思考,从而理解对方并在教育理念上达成一致。

活动过程:这个活动宝宝最好不参加,因为在教育孩子的问题上,宝宝往往会支持对自己有利的一方。可以就以下几个问题进行讨论:① 我们对孩子的共同期待是什么;② 当我提出跟你不一样的教育观点时,你可能会有什么感受;③ 站在你的立场上,你对我的期待是什么;④ 我们怎样才能更好地在育儿观念上达成一致。

专题 30　爸爸为什么不能缺位宝宝的教育

情景再现

东东的爸爸在设计单位上班，经常需要设计图纸。所以，当爸爸回到家时，东东已经睡了，第二天，东东还没醒来时爸爸又去上班了。东东妈妈经常抱怨爸爸，说别人家的宝宝都经常和爸爸玩，爸爸可以带着孩子玩的，比如"举高高""武林高手"这些需要力气的游戏，妈妈是无法替代的。所以，东东妈打算和东东爸好好谈一下，看看怎么改善这样的情况。

家长困惑

困惑一：在很多家庭里，带孩子的任务一般是妈妈承担得比较多。这可能是由于妈妈一般都比较心细，宝宝在很小的时候，需要妈妈更多的呵护和照料。所以，爸爸们在陪伴孩子这件事上，就成了"甩手掌柜"。爸爸成了一个"摆设"，有没有都一样。可是，在宝宝成长的过程中，如果缺失了爸爸的参与，宝宝的性格会不会有什么缺陷啊？

困惑二：是不是孩子是男宝宝，爸爸就参与多一些，如果孩子是女宝宝，爸爸就可以少管点呢？

专家解析

父亲在孩子成长过程中的地位是不可替代的。生活中，很多爸爸由于各种各样的原因，很少参与到教育宝宝的活动里来。有一些爸爸还认为，教育孩子的"主力"应该是妈妈，妈妈照顾得更精心，妈妈也更有耐心，作为爸爸，只要努力挣钱就行了。其实,爸爸的作用是妈妈无法替代的。

一、宝宝个性品质的发展离不开父亲

家庭教育中,父亲更多地通过身体运动方式,做一些剧烈的、冒险性的活动。男孩更喜欢把父亲当作性别榜样,喜欢和父亲一起活动,模仿父亲的性别行为,养成适当的男性品质。一般和父亲接触多的男孩子会更有男子气、更坚强、更勇敢、更独立自主,而父亲陪伴较少的男孩子容易自卑、焦虑,自控力差,甚至会有攻击性。而女孩子也能够在与父亲的交往和玩耍中,获得对异性的基本看法,能发展坚忍、果断、乐观自信的人格特征。而父爱缺失的女孩子,更容易发展孤独、自卑、敏感、焦虑等消极的情绪情感特征,对男性会有不客观的态度和看法,甚至影响她们以后的婚姻观。

二、父亲对宝宝智力发展的影响

对于宝宝来讲,智力发展也与父亲的陪伴密切相关。一般来说,爸爸更喜欢动手操作,比如维修洗衣机、拆解电视机、组装计算机等。宝宝很容易去模仿,甚至一起动手操作,这就会激起儿童的探索精神、想象力、创造性以及求知欲望,从而促进智力发展。

此外,男性活动范围大、内容丰富,因此,爸爸更喜欢带孩子去体验不同的活动,让孩子接触到更多的外部环境,开阔孩子的眼界,丰富孩子的社会生活,促进孩子社会认知的发展。

三、父亲缺位的孩子会怎样

在家庭教育中,父亲与母亲的教育应该互相配合,互相补充。然而在现实生活中,大多数家庭把教育孩子的责任交给了妈妈,这将导致孩子成长过程中出现各种问题。常年与妈妈待在一起的宝宝,会发展更加偏向女性的特质,变得敏感。缺乏男性教育的宝宝,在需要做决断时也往往会不知所措。

同时,还应看到,父亲的缺位会导致母亲情绪的不稳定。母亲有时可能会抱怨父亲的这种缺失,从而影响夫妻关系,进而影响亲子关系,甚至影响孩子未来对婚姻和两性关系的理解。

行动指南

■ 智慧家长如何做?

现代家庭教育在要求母亲参与的同时,也呼唤父亲投入更多的时间和精力。

父亲应多与孩子交往,要抽出时间多与孩子接触,满足孩子情感需求,为孩子体能、智力、社会性发展创造条件。

1. 要树立科学的家庭教育观念,提高父亲在子女教育中的地位

当前很多家庭都是由母亲全权负责子女的教育,要想重构父亲在子女教育中的重要地位,首先要转变传统家庭教育观念。父亲不仅仅要通过努力工作,给家庭创造好的物质条件,更要意识到自身在子女教育中的重要作用。父亲要找到自己的长处,发挥自身的性别优势,和母亲一起,共同培养孩子,促进孩子的健康发展。

2. 世界上最好的家庭教育,就是爸爸爱妈妈

从怀孕开始,由于孕激素的影响,母亲的身体会发生很大的变化。孩子出生后,母亲需要日夜喂奶,睡眠严重不足,身心疲惫,压力倍增。这时候爸爸要体谅妈妈的辛苦和不易,尽自己最大的努力去帮助妈妈,这样妈妈就会愉快地度过这个阶段。

作为爸爸,要尽量替妈妈分担养育孩子的压力,妈妈才有更多的时间花在自己身上。妈妈有时间健身,就会更容易恢复体形;妈妈才能尽快回归职场,职位才不会被人取代;妈妈才会有更多的时间和精力为家人准备营养美食,让家人更加健康。

爸爸爱妈妈,孩子长大后才会对婚姻产生美好的感觉和向往,能有健康的婚姻观。当孩子看到爸爸妈妈之间虽然存在差异性,但可以互补、合作、协商、和平共处时,孩子就会逐渐懂得:人与人之间是可以存在差异的,这种人与人之间的差异性是可以得到尊重和欣赏的。

爸爸爱妈妈,也是一个父亲和孩子友好相处的开始。这样,夫妻关系才会更恩爱,家庭才会更和睦,孩子在这种健康的氛围中成长,会更有安全感和幸福感,性格会更加平和、开朗,心智也会更加健全。

3. 爸爸要尽量抽时间去接送孩子,去开家长会,了解孩子在学校的表现

接送宝宝进出幼儿园,或者参加家长会,爸爸可以更多地参与进来。在上学放学的路上,与宝宝聊一下幼儿园的点滴,这样也间接地了解家庭之外孩子的情况。爸爸还要抽时间参加家长会,了解老师眼中的孩子。爸爸还可以多与其他家长交流,学习更多的育儿经验,以便更好地教育孩子。

4. 多陪孩子运动

一般来讲,孩子更喜欢和爸爸一起进行大动作的游戏。爸爸要多带孩子去运动、去游戏,可以抽出时间陪孩子踢球、登山、徒步、玩水、玩沙等,让孩子尝试和妈妈在一起无法完成的冒险、刺激的游戏。这些活动会让孩子兴奋无比,孩子的探求欲与好奇心会被激发出来,他们会佩服爸爸的勇敢,为爸爸的无畏和勇敢而感到骄傲,亲子关系会更融洽。

自助训练

■ 活动一:心愿树

活动目标:通过父子 / 父女间的沟通,了解宝宝对爸爸的具体需求。

活动准备:A3 纸、彩色便利贴、签字笔。

活动场地:家庭。

参与成员:爸爸、妈妈、子女。

活动过程:

(1) 在 A3 纸上画一棵大树,要有主干和树枝,不需画树叶。

(2) 通过父子 / 父女间的沟通,宝宝说出一个月内最希望爸爸陪伴他 / 她完成的 5~10 件事儿,把每件事或愿望写在便利贴上。

(3) 根据宝宝的需求和现实条件,逐步完成愿望。

(4) 每陪宝宝完成一件事,就把相应的便利贴贴在心愿树的树枝上。

(5) 妈妈帮父子 / 父女在心愿树前合影。

(6) 看着心愿树一天天饱满起来,宝宝一定会特别开心。

小结:经过一段时间的陪伴,家庭成员各自说说自己的感受,并相互鼓励,继续坚持,使陪伴变成一种习惯。

■ 活动二:我是修理工

活动目标:通过带着宝宝一起修理家居用品,增进亲子的感情。

活动准备:各种能找到的家居修理工具。

活动过程:在家庭生活中,爸爸往往会承担家里的一些修理工作。因此,可以找一个周末的时间,爸爸找出工具箱进行修理,让宝宝在旁边帮忙,比如递工具或是帮忙检查等。爸爸可以让宝宝把松了的螺丝拧紧,或者做一些需要力气的家务。这个活动可以增加亲子间的交流互动,同时也是夫妻关系融洽的润滑剂。

专题 31　家长的情绪稳定对宝宝有多重要

情景再现

玉儿妈妈是一个比较情绪化的人。开心的时候怎么都行，不高兴的时候就会控制不住情绪。玉儿两岁多的时候，随着活动能力的增强和活动范围的扩大，变成了一个“破坏王”。有一次，玉儿发现了家里的米箱，她居然把米当成沙子来玩，弄得满地都是米，甚至还往米箱里倒水。妈妈看到玉儿把厨房搞成这个样子，几乎失去了理智，冲着玉儿大吼。玉儿吓坏了，坐在地上大哭不止。玉儿爸爸听到厨房里的吼声，跑进厨房，把玉儿抱在怀里安慰，然后又拍拍玉儿妈妈的肩膀说：“好了，一会我收拾，冷静点！别把自己气坏了，也把玉儿吓着了。”玉儿妈妈这时候长长地出了口气，似乎也对自己刚才的失态感到内疚。唉，自己是个急脾气，总是容易发火，心里也知道对孩子应该有点耐心。玉儿“淘气指数”不断上升，她想调整自己但又苦于没有什么好的办法。

家长困惑

困惑一：没有哪一个父母不爱自己的孩子，父母也都希望自己跟孩子之间亲密无间，用爱填满每一个与孩子互动的瞬间。然而现实却是另外一个版本。当宝宝一天一天长大，他（她）渐渐地从什么都依赖你、什么都顺从你，变得越来越不听话、越来越气人、越来越有破坏力，每一次淘气都在挑战你忍耐力的底线，直至终于有一天你忍不住爆发。

困惑二：有些时候，家长的坏情绪是从单位带回来的。现在工作压力大，家长难免会有一些负面的情绪没有及时处理，如果刚好又赶上家里的孩子调皮，家长情绪的火山就爆发了。

专家解析

为什么要培养孩子的情商

一、父母的情绪是宝宝情绪发展的基础

心理学家曾经做过一个非常有名的实验——静止脸实验。实验中让一个母亲先和孩子温情互动，孩子非常开心，积极响应；然后让母亲再换成一个没有任何情绪含义的表情，无论孩子怎样做，母亲都一直面无表情。结果表明，宝宝的情绪是跟随着母亲的情绪而变化的。换句话说，就是孩子会主动模仿妈妈的行为甚至情绪。孩子仰望着自己的母亲，也在母亲的眼中看见他们自己。宝宝的情绪发展与管理情绪的能力与父母的情绪密不可分。父母的情绪是宝宝情绪发展的基础。

二、经常发脾气，情绪不稳定的父母会给宝宝的发育带来危害

当父母发脾气的时候，宝宝会因为害怕而变得无条件“顺从”，从而可能导致以后做事没有自己的主见，甚至变得软弱，失去自我。如果宝宝频繁受到惊吓，会失去安全感。长时间处在这样的环境下，会失去自信，性格可能会变得孤僻、不愿意与人交往。父母经常发脾气，还会导致宝宝的性格变得冲动，很容易和别人发生争执。那些常常被忽略甚至被虐待的孩子，他们会发展自我安抚的行为，比如吃手指、抓自己、不理睬父母。这些宝宝也可能会变得特别沮丧以至于根本没办法安慰自己，比如在孤儿院的一些婴儿，虽然吃饭穿衣都有人照料，但是没人和他们说话、玩耍，也没人安抚他们，这些孩子的发育就会特别迟缓。

行动指南

■ 智慧家长如何做?

在家庭教育中，家长要重视孩子的情感需求，同时管理好自己的情绪，关注宝宝的情绪变化，用自己稳定而积极的情绪影响和引导孩子的情绪，帮助孩子认识、了解、控制自己的情绪，通过认识情绪学会理解他人，培养孩子的情商。

1. 了解情绪的可传递性特点

心理学有一个踢猫效应。讲的是一个爸爸在公司受到了老板的批评，回到家因为心情不好就把孩子骂了一顿。孩子由于被骂心里窝火，就踢了身边的猫一脚。猫逃到街上，正好一辆卡车开过来，司机为了避让猫，结果把路边的孩子撞伤了。这个踢猫效应讲的就是坏情绪的传染。因此，爸爸妈妈要知道，你的每

一次情绪失控,都会产生连锁反应,而最终受伤害的人正是我们最爱的宝宝。

2. 在生活中学会理解和接纳孩子的情绪

要理解和接纳孩子的情绪,如果孩子出现情绪反应,父母要先用同理心和倾听的技巧,接纳孩子的情绪。当孩子知道你愿意理解他的感受,就会慢慢将心情平复下来。父母倾听孩子的心声,要耐心、认真。

3. 家长要正确表达自己的情绪,说出感受

父母由于各种原因出现消极情绪时,要用正确的方法说出自己的情绪感受,以及产生这种情绪感受的原因。比如当宝宝没有按照要求做某件事情导致父母生气时,家长可以说:"我的耐心在变小,从西瓜那么大变得像桃子那么大了,你如果还不停止的话,它会继续变小!"如果宝宝继续我行我素,可以警告宝宝:"现在耐心从桃子那么大变成像绿豆那么大了,如果你再不停止,它就变没了!"宝宝这时候如果已经捕捉到了大人情绪的变化,就会停止不合理的行为。在这个过程中,家长要尽量保持情绪的平和,要做到"温和而坚定"。

4. 用转移注意力的方法平复自己的情绪

很多情况下,我们发火过后就会后悔,这往往是由于在事发时失去了理智。如果觉察到自己的情绪已经处于失控的边缘,可以通过转移注意力的方法使自己在短时间内冷静下来。比如迅速离开刺激物,让自己深呼吸,或在心里数十个数等,也可以到室外走一走,直到自己的情绪冷静下来再处理事情。

5. 亲子以共读绘本的形式感受人物情绪

家长和宝宝一起阅读情绪主题绘本,如《我不想生气》等。家长要富有感情地用夸张的语气阅读全文,在阅读中可以用重读、停顿、拉长声音等方式突出反映情绪的词语。家长一方面可以引导宝宝观察绘本中人物的情绪和感受,另一方面也可以与宝宝订立共同"契约",商量一下,如果对方有"情绪"了,可以通过什么样的方式缓解冲动的行为。比如,宝宝如果发现妈妈情绪冲动的时候,可以主动提醒妈妈,用喊"停"或"冷静点"的方式帮助妈妈管理情绪。这样的"契约"还可以增进亲子的感情。

自助训练

■ 活动一:情绪晴雨表

活动目标:通过每天记录自己和宝宝相处时的状态,觉察并监督双方的情绪,促进亲子共同成长。

活动准备：纸、彩笔。

活动过程：

(1) 家长和宝宝一起写出表达积极情绪和消极情绪的几个词语。

积极情绪：开心、高兴、兴奋、喜悦、惊喜、平静等。

消极情绪：生气、紧张、伤心、害怕、着急等。

(2) 用天气预报对应以上情绪，比如开心对应晴朗的天气，生气对应雷电天气。

(3) 每天分时段记录自己和宝宝相处时的情绪，画出对应的天气标识，并写出出现此情绪的原因（参照下表）。

编号	时间	宝宝情绪	父母情绪	主要原因
1	早上			和小朋友一起玩游戏
2	中午			爸爸不允许我看电视
3	下午			
4	晚上			

(4) 每晚亲子沟通，总结自己每天出现频次最高的情绪以及原因；用每个人自己记录的情绪晴雨表和别人记录自己的晴雨表作对比，看是否一致。

(5) 亲子分别给对方提出管理情绪的建议。

■ 活动二：家长用情绪 ABC 理论管理自己的情绪

活动目标：帮助家长认识情绪 ABC 理论，并能在日常生活中运用该理论调节自己的不良情绪。

活动准备：学习情绪 ABC 理论。情绪 ABC 理论中，A 表示诱发性事件；B 表示个体针对此诱发性事件产生的一些信念，即对这件事的一些看法、解释；C 表示自己产生的情绪和行为的结果。这个理论认为，通常人们会认为诱发事件 A 直接导致了人的情绪和行为结果 C，发生了什么事就引起了什么情绪体验。然而，事实是，同样一件事，对不同的人，会引起不同的情绪体验。我们常有的一些不合理的信念才使我们产生情绪困扰。因此，当一件事发生时，我们可以尝试分析一下，我们对这件事的观点是什么？我们对这件事是否还有不同的解释？当我们转变不合理的信念后，我们的情绪和行为就会变得更积极。

活动过程：当生活中遇到情绪不好的时候，先问问自己，为什么这么不开心，是不是自己把有些事情想得太严重了，或是理解有误。尝试从事件当中寻找积极的因素，换个想法，就能换个心情！

专题32　如何引导宝宝表达各种情绪

情景再现

户外活动时间到了，幼儿园的小朋友们排着整齐的队伍到操场做游戏，丁丁却一个人冲出队伍，跑到秋千旁边，抓住秋千的绳子就不放手了。老师喊丁丁过来，说小朋友们要先做操，结果丁丁大声说："我想玩什么就玩什么，我才不要做操。"这时候，班里的其他小朋友也跟着老师一起喊丁丁，这下把丁丁惹恼了，他冲着班上的小朋友大喊："你们都是讨厌的人！"课间操结束后，孩子们都自由选择自己喜欢的玩具玩，有一个小朋友不小心碰了丁丁的小推车一下，小推车倒了，只见丁丁上去就打小朋友。丁丁在班上经常因为各种事发脾气，其他小朋友的家长也多次向丁丁妈告状。丁丁妈也因此特别苦恼。

家长困惑

困惑一：宝宝脾气不好，在家里的时候大家都让着。但是，在幼儿园里，小朋友们都是家里的宝，谁能总让着他啊！而且，在幼儿园总是发脾气，我们家长也比较担心老师会不喜欢他。有什么办法能让宝宝脾气变好呢？

困惑二：有些宝宝正好相反，别人是爱发脾气，但他是不敢表达不满的情绪。比如小朋友们在一起玩，那些比较强势的孩子会把他的玩具抢走，他也不敢吭声,就一个人跑到一边伤心,这样的孩子将来怎么适应社会啊?

专家解析

宝宝不想上幼儿园的时候会哭闹;想要买玩具,不给买就满地打滚;想要看电视,不满足就把遥控器摔在地上……很多父母可能会经常被孩子折腾得身心俱疲,却又束手无策。这些容易情绪化的孩子成了父母的心病,父母也特别希望能找到方法来培养孩子管控情绪的能力。

一、情绪是宝宝人际交往的重要途径和手段

当宝宝的需求无法得到满足时,就会出现消极的情绪。长期的消极情绪会导致孩子注意力不集中、无精打采、对什么都没有兴趣,会危害孩子的身心健康。而积极的情绪则会使孩子乐观向上、心情开朗,有利于孩子的社会交往能力的发展。

二、不管积极的情绪还是消极的情绪,都是人们心理活动的正常反映

作为家长,我们不但要了解宝宝情绪的发展,还要积极地去引导和培养孩子的情绪。首先要让宝宝能够辨识、理解自己与他人的情绪,并在此基础上培养宝宝调节、控制和适当表达情绪的能力。

三、家长可以通过一些有趣的游戏培养宝宝的情绪管理能力

家长要引导宝宝学会倾听,学会表达快乐、兴奋、悲伤、紧张、生气、愤怒等情绪,同时要教育宝宝学会尊重别人,别人讲话时要耐心聆听,要懂得欣赏别人的优点等。这些对孩子的身心健康发展,改善孩子的人际关系,提升孩子解决问题的能力都有促进作用,能够帮助孩子形成良好的心理品质,为孩子的成功人生奠定基础。

行动指南

■ 智慧家长如何做?

1. 允许宝宝表达情绪

日常生活中,当宝宝有消极情绪的时候,经常看到有家长用制止、批评甚至打骂孩子的方式来应对,但这些方式是不利于孩子健康成长的。情绪本没有对错之分,它只是人类与生俱来的反应。但是家长对待孩子情绪的反应,会对孩子产生暗示作用:消极情绪是错误的,积极情绪才是对的。孩子会认为,不好的情

绪不能有，不能表现出来。其实，不管是消极的情绪还是积极的情绪，都是人类所必需的。

我们要告诉孩子，当一个人失去亲人时可以表达伤心，遇到危险时可以表达恐惧，被人欺负时可以表达愤怒……爸爸妈妈也会因为生活中发生的一些事情而伤心、生气、开心、害怕。

作为父母，我们要理解和接纳孩子的消极情绪，在孩子出现情绪反应的时候，爸爸妈妈首先要共情，站在孩子的角度去理解孩子，要耐心倾听，接纳孩子的情绪。当孩子的情绪被接纳时，他才会从情绪里走出来。所以，不管是积极的情绪还是消极的情绪，我们都要认可和接受它。

家长在接纳孩子情绪的同时，要引导孩子认可自己的情绪，将情绪没有对错之分这一理念传递给孩子。

2. 帮助孩子找到不良情绪的原因

孩子从情绪里走出来之后，家长要多和孩子沟通，帮助孩子分析并且找到造成不良情绪的原因。比如问孩子："发生了什么事让宝宝这么伤心啊？""你看起来那么难过，一定发生了什么事对不对？""你刚才那么生气，是什么原因让宝宝这么生气啊？"

3. 引导孩子思考解决方案

父母首先要用温和的语调使孩子情绪平复下来，然后家长要引导孩子思考解决问题的方案，引导宝宝调整认知。比如，"积木被小朋友推倒了，你觉得很生气，所以你也把他的积木推倒了，那我们来想想看，有没有更好的解决方法，好不好？"当孩子因为某个事件引发激烈的情绪后，家长不能一味地批评或制止孩子表达情绪，也不能安抚情绪之后就万事大吉。正确的教育应该是引导孩子以后遇到同类事件，能找到更积极的解决方法。

4. 以游戏的形式帮助孩子识别自己的情绪

幼儿一般都是通过游戏方式学习的，游戏可以为幼儿提供不同情绪体验的机会，家长可以通过丰富的游戏帮助幼儿识别情绪、体验情绪、表达情绪。家长可以在网上下载代表不同情绪人物或者动物的图片，让孩子来猜测图片中人物或者动物的不同情绪。

家长还可以和幼儿一起进行"情绪脸谱"活动，让幼儿听家长的口令扮演开心、兴奋、激动、喜悦、惊喜、生气、紧张、伤心、焦虑、沮丧、害怕、着急、嫉妒等情绪，提高幼儿对情绪的识别能力。家长还可以把这些不同的情绪编进一个故事里，让孩子更直观地了解情绪、识别情绪。

5. 鼓励孩子的交往和表达

家长应该鼓励孩子多和他人交往，并在交往中大胆地表达情绪和感受。要多给孩子提供与他人交流玩耍的机会,让孩子主动与人交流,学会表达自己的内心情感。当孩子对他人表达关心、体谅、主动示好时,家长要及时给予反馈,及时表扬宝宝的友善。当孩子对他人表现出愤怒、害怕等消极情绪时,家长首先要接纳孩子的情绪,再和孩子一起观察他愤怒、害怕的对象在看到他的情绪后的表现,和对方交流感受。和孩子一起探讨为什么这些情绪会让别人感到不愉快,以后遇到类似情况应该如何表现。

6. 引导孩子合理表达愤怒情绪

很多家长都告诉孩子,你不可以生别人的气,你不可以发火,你不可以……这样做很容易使孩子的性格长期受到压抑,孩子慢慢就会形成强烈的反抗情绪和逆反心理,孩子的脾气也会变得越来越暴躁,稍有不顺就会大发脾气。处于叛逆期的孩子,如果父母或者老师对他的情绪感到不耐烦,用压制甚至动用武力的方式使孩子妥协、听话,反而不利于孩子的情绪发展。

我们要允许孩子合理表达对别人的愤怒,但这种愤怒不是失去理智地大喊大叫,而是用坚定的声音告诉对方"我很生气"。随着孩子年龄的增长和认知水平的发展,孩子会更加恰当地表达各种情绪。

7. 家长为孩子树立情绪管理的好榜样

观察和模仿是幼儿学习情绪表达的重要途径,所以,家长要成为孩子情绪管理的榜样。如果家长用家暴等暴力手段发泄情绪,那么孩子就特别容易学坏,在同样的情绪下会用和家长相似的手段来表达自己的情绪。因此,家长平时应该为孩子营造温馨、和睦的生活氛围。相互理解、相互关心的家庭氛围能让孩子感受到家人的爱与关心,也会让孩子学会理解他人,从而用更好的方式来表达情绪。

自助训练

■ 活动一:快乐驿站——送走坏心情

活动目标:通过体验,使宝宝学会处理消极情绪的方法。

活动准备:纸、彩笔、气球、废旧报纸、旧纸箱、全家福照片、孩子喜欢的玩具。

活动过程:

(1) 把家里的某个角落划分为两个区域。

(2) 一个区域取名为"快乐驿站",贴上孩子画的欢乐画、家人一起大笑的照片,放瓶鲜花或把孩子喜欢的玩具放在这个区域。

(3) 另一个区域取名为"送走坏心情",贴上不开心的表情画、气球、废旧报纸、旧纸箱,在上面写上"再见,坏心情"。

(4) 当孩子开心的时候,可以来"快乐驿站"选择喜欢的玩具,拍美照。

(5) 当孩子心情不好的时候,引导孩子不可以把坏情绪发泄在家人或者朋友身上,可以带孩子来"送走坏心情"踩气球和纸箱,也可以来静坐冥想,甚至还可以撕废旧报纸。

小结:当你在"快乐驿站"的时候,是不是很开心?

当你走出"送走坏心情"的时候,是不是也很开心?

送走坏心情的方法有哪些?

■ 活动二:情绪观测站

活动目标:帮助宝宝识别自己的情绪,增强宝宝对不同情绪的体验,进而培养宝宝对自我情绪的调整能力。

游戏准备:图画纸、彩色笔。

活动过程:(观测一周的情绪状况)

(1) 在图画纸上设计一周的情绪观测表格,横向从周一标注到周日。纵向标示出早上、中午和晚上。

(2) 让宝宝记录自己的心情,比如:今天星期一上午我很开心,画一个微笑的表情;中午有些生气,画一个生气的表情;晚上有些难过,画一个悲伤的表情等。也可以用不同的符号来表示不同心情。

(3) 周末的时候带着宝宝总结这一个星期的情绪状态,然后可以深入沟通在什么时候、做什么事时会比较开心或不开心,如何能让开心的时候更多?

专题33　宝宝“输不起”怎么办

情景再现

元元在奶奶的帮助下，终于学会了玩跳棋。每天从幼儿园放学回来，元元都会迫不及待地要和奶奶玩一局。奶奶为了让元元高兴，每次都会故意让着元元，所以每次都是以元元胜利为结局。今天，舅舅家的保哥来元元家玩，保哥比元元大两岁，上小学一年级了。保哥听说元元会玩跳棋了，就约元元“杀”上一盘。可是，保哥并没有像奶奶平时那样让着元元，玩了一小会，就把元元逼上“绝路”。元元一看自己输了棋，马上哭了起来，一边哭还一边说：“我再也不和保哥玩了，保哥耍赖，你马上回家吧，我再也不跟你玩了！”

家长困惑

困惑一：现在的孩子，是都太“要强”了吗？万事都要“赢”，都要拿第一。可第一只有一个啊！好多孩子输不起。这可怎么办呢？

困惑二：别说孩子了，现在的家长其实更受不了孩子“输”！比如幼儿园里选表演节目的小朋友，有的家长就一定得让自己的宝宝被选上。甚至在孩子面前说“咱们可不能输给别人”！在这样的思想支配下，孩子能允许自己输吗？但问题是，如果多数孩子都这么想这么争，那么那些不争的孩子是不是就落后了？

专家解析

从心理学的角度来讲，宝宝“输不起”是一种正常现象。孩子总是希望自己任何时候都比别人强，以获得周围人的认可和关注。孩子们年龄小，心智发育不够成熟，对于自己的优势和劣势并不了解，所以在活动时，一旦不如别人，他们就用情绪来宣泄。在生活中，也有很多家长，仅关注孩子需要"赢"以及如何"赢"，而忘了更重要的是要让孩子学会如何勇敢地面对"输"。

"输不起"的孩子往往有两种表现，一种是面对失败和挫折会选择逃避或回避。比如一个孩子下棋总是输，对"输"充满了恐惧，以后索性就不下了。另外一种是一旦在游戏中输了，就用发脾气或者哭闹的方式来宣泄。赢了就会非常得意，一旦输了，马上翻脸。

俗话说，人生不如意十有八九，人生不可能一帆风顺，难免会遇到各种挫折和困难。遇事选择逃避或者用负面情绪来宣泄，长此以往对孩子的成长是很不利的，这样的孩子长大以后会很难适应社会。

面对"输不起"的孩子，父母需要费点心思，培养孩子良好的心理素质和意志品质，让他们体会到做每件事都有可能带来输或赢的情感经验。

行动指南

■ 智慧家长如何做?

幼儿的抗挫折能力绝不是与生俱来的，要以幼儿自我意识的发展为前提，通过专门的锻炼来获得。作为家长，我们应该培养幼儿的抗挫折能力，使其勇于面对困难和失败。

1. 正确看待孩子的输赢

胜败乃兵家常事。家长首先要平衡自己的心态，正确看待孩子的输赢。家长还要注意引导孩子正确对待输赢。家长要让孩子体验各种不同的活动，让孩子体验各种输赢的感觉。要让孩子理解，人不可能一直赢，更不会一直输。当孩子在学习和游戏中顺利时，家长不要一味地鼓励，要让孩子学会总结自己获得成功的因素是什么，丰富孩子的知识经验，增强孩子的自信心。当孩子在学习和游戏中遇到挫折时，应该教育他们克服沮丧和悲观的情绪，帮助他们分析失败的原因，以积极的心态对待暂时的受挫。

2. 保护孩子的自尊，不当众批评孩子，孩子遇到挫折时，不嘲笑孩子

大部分孩子之所以"输不起"，就是因为害怕伤自尊，所以，家长懂得保护孩子的自尊也能减轻孩子"输不起"的担忧。当孩子不断落败或者受挫时，家长或者同伴的嘲笑都非常容易伤害孩子的自尊心，使其失去信心，进而选择逃避或者哭闹。家长千万不要当众责备或者责骂孩子，更不要当众揭短，否则孩子的自尊心极易受到伤害，很容易一蹶不振。家长应该肯定孩子日常生活中的"闪光点"，

肯定孩子的进步,肯定他们在集体中的积极影响,帮助孩子树立信心,让孩子成为一个积极的人。

3. 培养孩子的抗挫折能力

应该尽可能帮助孩子体验成功的喜悦,但在孩子遇到困难时家长千万不要刻意地为他们扫除障碍。当孩子遇到困难和挫折时,家长应该给孩子留一定的空间和时间,让孩子自己面对。比如搭积木时,当孩子好不容易搭得足够高,不小心弄塌了,一般这个时候孩子会比较沮丧。此时我们可以让孩子自己去寻找解决办法,并亲自去实践去验证。经历过挫折和失败后的成功,会带给孩子更多的成就感和自信心。

4. 避免比较式的赞美和纠正

如果说中国孩子最大的"敌人"是谁,毫无疑问,那一定是"别人家孩子"。我们的父母,特别喜欢拿"别人家孩子"的优点长处来跟自己家孩子比,"别人家孩子"往往会成为中国父母有意无意中给孩子树立的榜样。"别人家孩子"在自己父母的眼中永远是最好的,我同事家孩子学习是全年级第一,我同学家孩子钢琴已经过了十级。总之在很多家长的眼里,"别人家孩子"就是比自己的强,自己家孩子处处不如人。但是,你只看到了"别人家孩子"的优点长处,说不定"别人家孩子"的不足之处正是你家孩子的优点呢!殊不知,当你屡次拿自己家孩子和"别人家孩子"比较时,自己家孩子会越来越叛逆,甚至是抱怨和不屑。这种比较式的赞美和纠正无法达到激励的效果,只会引发或加剧孩子输不起的性格。

自助训练

■ 活动一:输不起的小莉

活动目标:引导孩子用正确的心态面对输赢。

活动准备:绘本《输不起的小莉》。

活动过程:

(1) 亲子共同阅读绘本《输不起的小莉》。

(2) 角色扮演:爸爸或者妈妈扮演小莉,孩子、玩偶和另一位家长扮演其他角色。

(3) 互换角色:让孩子从不同角度去感受。

(4) 在角色扮演中要强化"妈妈也告诉小莉,要想重新得到快乐和朋友,在快要生气的时候深吸一口气平稳一下心情。最终小莉尝试着在比赛中不发火，也不那么在意输赢。朋友们终于都回来了，他们不再叫她'输不起的小莉'。虽然小莉输了比赛，可她赢得了朋友"这一段内容。

小结：通过亲子沟通总结，让孩子学会正确宣泄自己的不良情绪，引导孩子用正确的心态面对输赢。

■ 活动二：躲猫猫比赛

活动目标：让宝宝充分体验亲子游戏的快乐，感受到生活中总会碰到输赢，进而引导宝宝正确看待输赢的问题。

活动准备：制定躲猫猫比赛的规则。如：一方需要在几分钟之内躲起来，另一方不能偷看；被发现的次数少的一方为胜利方。

活动过程：家长可以带着孩子在家里或户外安全的地方进行这个比赛。在比赛的过程中，家长可以适度让着孩子。这里的"让"是一种育儿的方法和技巧，是为了使孩子体验到"输"和"赢"的不同情绪状态。这个比赛不一定只玩一次，比如今天玩的结果是孩子输的情况多一些，下次可能就是孩子赢的情况多一些。重要的是输和赢之后跟孩子的沟通和对孩子的引导。当孩子哭的时候，家长要做更多的共情。比如，"我知道你现在有些伤心，因为你想赢""让我们看一看，下一次再玩的时候，你可以怎么做才会更快乐""输和赢都是会出现的，想想看刚才在玩的过程中你是不是很快乐？并不是每一次都要赢，结果并不重要，重要的是爸爸妈妈跟宝宝在一起很快乐"。

家长也可以通过其他游戏来让宝宝体验输和赢的不同感受及如何正确地面对结果。

专题 34　宝宝需要超前学习小学的知识吗

情景再现

朵朵妈为了“不让孩子输在起跑线上”,3 年内花了近 10 万元钱给孩子报了七八个培训班,在朵朵 5 岁的时候便学完了小学二年级的课程。朵朵妈特别自豪,看着自己的宝贝女儿比同龄的孩子多认那么多字,多会解答那么多算术题,她就觉得这几年的心血没有白费。朵朵妈还打算等朵朵上了大班以后,再给她报个英语班,至少要学会音标,再多掌握一些单词。这样的话,等上了小学,朵朵就会名列前茅,成为人人羡慕的学霸啦。

家长困惑

困惑一:很多小朋友在幼儿园大班的时候就开始在外面报班了,有学拼音的,有学英文的,还有学数学的。当周围的人给孩子报了学前班,就会引发我们的焦虑,而且很多“过来人”也会根据自身经验奉劝准一年级学生的家长——不能输在起跑线上!可是孩子那么小,就要天天进行这种大强度的知识学习,不符合孩子的认知发展规律吧?

困惑二:在小学当老师的朋友不建议给孩子报班,说这样的话等孩子正式上学之后就不好好学了。学早了怕孩子厌学,不学吧又怕孩子一入学就跟不上节奏。这可如何是好?

专家解析

很多家长担心孩子上了小学之后跟不上学校的教学进度,于是纷纷给孩子报各种学前班。甚至有的家长想让孩子抢跑，赢在起跑线上，所以在一些家长眼中，上拼音、算术、英语、识字等培训班是孩子上小学前的“必选动作”。

幼儿成长有其自身的特点和发展规律，单纯追求知识技能学习，而在入学准备、心理状态、适应能力、学习习惯的培养等方面的准备不足，就会使孩子感到学习的压力和负担，从而产生学习适应不良甚至厌学的现象。幼儿教育是基础教育，是为孩子的终身发展打基础的。正如叶圣陶先生所说，教育就是要养成习惯，作为家长，我们培养孩子好的行为习惯，远远要比教他学拼音学算术重要得多。超前学习似乎可以带来暂时的优势，但却是以牺牲孩子长久的学习兴趣为代价的。

一、超前学习会直接扼杀孩子的学习兴趣

儿童在六岁以前，其逻辑思维能力还没有发育好，不具备掌握更多知识的能力。如果只是机械地要求孩子去记忆拼音、算术、英语、汉字等，由于孩子无法理解这些知识的意义，会导致孩子没有学习动力，甚至产生厌学的心理。另外，如果孩子在上小学前已经进行了超前学习，会使孩子觉得自己已经学会了，从而在进入小学学习这部分知识时，无法产生好奇心和对未知知识的渴望，易养成不认真听讲的坏习惯，久而久之，会影响学习的效果。

二、超前学习影响孩子的全面发展

幼儿园阶段，学习知识不是重点任务。这个阶段的主要任务是形成良好的生活习惯和个性品质。很多知识在孩子成长到一定的程度时，很容易就能掌握，而超前学习需要耗费数倍的时间也不见得能理解。如果把时间都用在超前掌握知识上，孩子就减少了观察大自然的时间，少了运动的时间，少了通过玩耍而获得学习经验的机会。这种本末倒置的做法最终会影响孩子的全面发展。

行动指南

■ 智慧家长如何做？

1. 培养阅读的兴趣，但阅读不等于读写拼音和认字

“早期阅读”是在孩子还没有认字之前，通过读物上的色彩、文字、符号或通过大人形象的语言来理解读物的过程。在这个过程中，识字不是主要目的。早期阅读的目的是培养幼儿对阅读和识字的兴趣，不能以识字量的多少来衡量阅读的效果。脱离阅读而单独进行的识字不符合幼儿发展的特点，也不符合早期阅读要实现的教育目的。

另外，有些家长给宝宝买了非常多的绘本，并且希望宝宝能快速地读完，认为读的册数越多越好。但在现实生活中，宝宝往往喜欢重复阅读某一本或某几本书。这是因为重复是宝宝学习的特点之一，这其中也蕴含着一个心理现象，即宝宝对自己熟悉的事物更有安全感和掌控感。家长这时可以引导宝宝在重复的过程中，不断深入挖掘这本书更多的内容。比如，从一开始由大人给宝宝读，到宝宝自己读，再到宝宝读给大人听，在重复的过程中还可以加入宝宝对故事情节的想象和再创作。

2. 感知和理解数，但不等于要学会一百以内的加减法

对于 4—5 岁的宝宝来讲，其对数和量的理解能力表现为：能区分物体的粗细、厚薄、轻重，并能用相应的词语进行描述。平时在和宝宝说话的时候，可以多用一些这样的词汇，例如，空的和满的、大的和小的、轻的和重的、长的和短的、多的和少的。还可以对一些生活中常见的物品冠以数量词，如 1 只猫、2 个宝宝、3 辆车等。

而 5—6 岁的宝宝可以初步理解量的关系。因此，在幼儿园阶段，可以引导宝宝通过有关数的游戏，使其对数学产生兴趣。这个阶段如果强迫孩子学习与自己认知能力不符的运算，就会扼杀孩子对数学的兴趣，甚至孩子会对数学的学习产生恐惧。

总之，家长不必担心宝宝不会数数、不会计算，这是因为他们还没有获得相应的逻辑观念。家长与其让宝宝死记硬背那些无法理解的数学题，不如通过配对的活动发展幼儿的对应观念，通过排序的活动发展幼儿的序列观念，等等。这些看起来和数学无关，却是幼儿学习数学所必备的基础。

自助训练

■ 活动一：亲子共读好时光

在与宝宝共同阅读绘本的过程中，一边给宝宝按绘本讲故事，一边穿插几个小问题，引发孩子的联想和思考，帮助宝宝更准确深入地理解故事情节。一本书读完之后，可以跟宝宝一起做一些总结，比如，你最喜欢哪个人物呀？今天学到了什么？宝宝觉得哪里最好玩？陪宝宝阅读不是扔给孩子一本绘本让他自己看，而是要启发宝宝思维，与宝宝一起分享和讨论故事，还可以让宝宝把故事中的情节讲给大人听。

另外，现在很多家长都是从网上订购书籍，宝宝没有体验自己选书的乐趣，对阅读的氛围也没有更多的感受。可以带着宝宝到图书馆或书店，通过让宝宝亲自参与选书的过程，增加宝宝阅读的兴趣。

■ 活动二:关于数概念的引导

分类和排序:找一些有颜色的塑料小杯子给宝宝玩,可以先把所有的红杯子排一起,后面排所有的蓝杯子,或者先把 1 个绿杯子排第一,2 个黄杯子排后面,再排 1 个绿杯子,然后再排 2 个黄杯子等,诸如此类的游戏可以帮助宝宝学习分类和排序的方法。

练习测量:测量也是和生活密切相关的一种数学概念,当你在厨房里做饭时,让身边的宝宝帮你往锅里放一小勺盐;或者洗澡时,让宝宝倒一小盖子的浴液到浴缸里;或者收拾洗干净的衣服时,让宝宝自己拿一个软尺子量一量他的裤子和上衣的长短等。

玩纸牌认数字:裁出一些大小一样的小纸片,在纸片上写上数字,或者用扑克牌,教宝宝玩数字纸牌游戏——拿出一张纸牌,让宝宝说出上面的数字;或者你说一个数字,让宝宝把这个数字从纸牌中挑出来。也可以利用家里的扑克牌,每张牌上不但有数字,还有代表数字的图案,不管宝宝是不是说对了,让他照着图案数数看。

专题35　宝宝入学适应怎么做

情景再现

小梅一天天长大，马上就该上小学了。小梅在幼儿园期间的自理能力就不太好，但总算在老师的帮助下比较顺利地升到了大班。然而，一想到小学与幼儿园的区别，小梅妈妈就着急。到小学以后，午睡就取消了，小梅每天的习惯就将被打乱。另外，小梅比较挑食，在幼儿园的时候食物被做得色香味俱全，以后小梅每天中午需要在学校的食堂午餐，她能习惯食堂的饭菜吗？除了生活方面，在人际交往方面小梅也比较内向不善言谈。一系列的问题在等着这个即将上学的宝宝。

家长困惑

困惑一：孩子的幼儿园生活马上就要结束了，在开始小学的生活之前，该让孩子做哪些准备呢？宝宝三年前为了适应幼儿园的生活，经历了分离焦虑，后来经历了在幼儿园不断生病，现在跟小朋友们和谐共处。马上该上小学啦，宝宝又要开始新的挑战了，家长想想就焦虑。

困惑二：宝宝在幼儿园的时候，还有老师帮忙照顾，上了小学以后，老师不可能像幼儿园老师那样事无巨细地照顾。孩子上学以后面临物品的保管问题、上课纪律问题、喝水上厕所的问题等，所以，真得在孩子上小学之前让他做一些适应性训练，可是该怎么做呢？

专家解析

幼升小，不管对于孩子还是对于大人来说，都会产生适应焦虑。特别是生活和学习环境的巨大改变，不仅孩子痛苦，家长也会非常担心。有的家长担心孩子上课注意力不集中，调皮捣蛋，上了一年级后不能及时进入学习状态；有的家长发愁孩子学习拖拖拉拉，磨磨蹭蹭，担心到了一年级后学习跟不上。幼升小的孩子会有什么不适反应，又是什么原因造成的呢？

预知孩子成长特点

一、不适应小学生活的孩子会有哪些反应

有些孩子进入小学一年级后，对小学的学习和生活很不适应，常常产生紧张心理。这种心理上的“水土不服”也被称为“适应性障碍”。一般来说，这些不适应主要表现为以下几个方面：

（1）不愿意上学。

（2）变得比较情绪化。

（3）不懂得和老师、同学交往与合作。

（4）上课不专心、坐不住，没有喝很多水但上课时频繁上厕所。

（5）早上起床困难，到了学校就犯困。

二、孩子出现入学不适应的原因是什么

1. 环境不适应

对于孩子来说，小学是一个陌生的环境，就像当年孩子从家里出来第一次进入幼儿园一样，新的学习环境和规则都是需要孩子重新适应的。与幼儿园生活不同的是，小学生不可能像幼儿园里的宝宝那样，更多地在老师的照顾下生活和学习。比如进入小学后，孩子需要记住学校内各种设施的地理位置，还要学会遵守校园的规则和新的作息时间。

2. 与同学、老师交往存在陌生感

离开了幼儿园里熟悉的小朋友，离开了朝夕相处三四年的玩伴，孩子进入了小学，不可避免地需要与新的老师、新的同学打交道。对于部分孩子来说，这是个很困难的事情。尤其是胆子比较小、比较内向的孩子需要学习一些与人交往的小技巧，以便在进入小学后能尽快认识新朋友，快速融入新集体。

3. 孩子独立解决问题的能力欠缺

孩子进入小学后，不像在幼儿园里什么事都可以找老师，很多时候出现问题都需要孩子自己解决。这时，如果孩子老是觉得自己解决不了问题，就会认为自己缺乏能力，从而更加难以适应小学的生活。

行动指南

■ 智慧家长如何做?

孩子从幼儿园到小学,是人生道路上的一个转折点。这个转折点能否顺利地度过,关系到孩子能否以一个良好的开端开启学生时代。作为家长,可以从以下几个方面帮助孩子进行适应性的训练,以便孩子进入小学后能更快融入小学生活。

1. 熟悉小学的校园环境

家长可以带孩子参观孩子即将就读的小学,提前让孩子了解小学环境,知道教室、阅览室、餐厅、教师办公室、操场等的位置,帮助孩子做好充分的心理准备尤其重要。

2. 学会整理书包和文具

整理书包是孩子自己的事,是培养孩子责任意识的有效途径,整理书包的过程也是培养良好习惯的过程,家长千万不可代劳。建议家长多准备几个文件袋,把每一科的教材、练习册、作业本放在一个单独的文件袋里,文件袋上写明学科。每晚孩子可根据第二天的课表整理书包,上课时只需把学科文件袋拿出即可。每晚都要让孩子检查铅笔盒里的文具(铅笔、橡皮、尺子)是否齐全,最好养成每晚削铅笔和清洗橡皮的习惯。以上这些工作一旦形成习惯,孩子受益,大人也省心。

3. 养成正确的读写姿势

学习是一个长期的过程,正确的坐姿和握笔姿势对孩子的身体发育至关重要。家长需要教给孩子正确的坐姿和握笔姿势,并督促孩子做到位。

4. 培养孩子做事专注的好习惯

小学低年级学习困难的学生往往并非智力落后,而是上课听讲注意力不集中所致。针对这一点,家长可以多与孩子玩棋类游戏、拼图游戏,或让孩子快速阅读绘本并讲述给家长听,或在一小段时间里集中精力做一件事,所用时间从 5 分钟到 10 分钟,再到 15 分钟,慢慢培养孩子集中精力做事的习惯。

5. 培养孩子学会自己记清作业,自己管理自己的学习

作为小学生,孩子有能力记清楚自己的学习任务,根据学习任务再安排学习计划,家长不可代劳。在孩子学习的时候,家长要给孩子创造一个安静的学习环境,这样有利于孩子集中注意力。家长绝不可以在孩子写作业的时候进行娱乐活动,以免打扰孩子专心学习。在孩子刚上学的时候,家长可以陪学一段时间,以后应逐渐减少陪学的次数和每次陪学的时间,最终使孩子养成自觉、独立学习的习惯。

6. 培养良好的生活习惯

孩子在上幼儿园的时候，早上迟到一会儿也没关系，老师还可以给孩子留饭，早上上学完全没有压力。可一到小学，学校要求立刻变严格，如果早上迟到就会面临老师的批评。早餐还要在入校前吃完，孩子早上的时间就会显得比以前紧张。因此，家长需要陪伴孩子建立一套全新的生活制度，并严格执行。

自助训练

■ 活动一：我们的时间大饼

活动目标：让孩子了解时间的宝贵，树立良好的时间观念。

活动准备：A4纸，剪刀，彩笔。

活动过程：

(1) 把A4纸裁成最大的圆形。

(2) 画个圆心，以切大饼的方式，把圆分为24份，代表一天中的24个小时。

(3) 孩子每做完一件事情或者结束一项活动，都要记录时间，用彩色笔在相应的大饼块上涂不同的颜色，并撕下来。比如孩子一天需睡眠8小时，则在睡醒后，先在相应的位置涂上颜色，再撕掉这8小块纸片。

(4) 一天结束后，拿出被撕下的纸片，再拼出完整的“大饼”。

(5) 亲子讨论。讨论一天活动中各项活动所占用的时间比例，让孩子体验到时间的长短和流逝，让他懂得时间是有限的，要珍惜时间。

小结：帮助孩子自己安排时间，高效率地先完成紧急且重要的任务，剩下的时间再自由安排。通过这样的循环训练，孩子进入小学后自然能快速进入状态。

■ 活动二：图标与规则

活动目标：通过亲子共同设计直观的图标，建立孩子的规则意识。

活动准备：笔、画纸、双面胶。

活动过程：

(1) 发现问题。亲子先一起回顾平时生活的点滴，找出孩子容易出现的问题，可以考虑借助图标来提醒孩子按照规则做事，比如孩子总是忘记冲马桶、出门忘记关灯等。

(2) 亲子商讨。设计一个什么样的标识贴在马桶旁,孩子会记起冲马桶?

(3) 图案设计。亲子间商议设计什么样的图案和颜色,才能更好地培养孩子规则意识。由孩子执笔设计并涂色,粘贴。

(4) 亲子间讨论。设计完成后强化图标所表示的规则,并约定以后一定记得遵守。

小结:亲子约定,以后发现生活中的问题,可以提出来一起用设计图标的方式解决。

专题36　家长如何做孩子的好榜样

情景再现

小秋马上要成为小学生了，可是最近他总是悄悄地拿妈妈的手机上网玩游戏。妈妈管他，他却反驳说："为什么爸爸回家就能看手机，而且可以看好久，而我看就不行，这不公平。"眼看着小秋玩手机的时间越来越长，妈妈心里很着急。以前孩子小的时候，只要一说就管用，现在孩子大了，有自己的想法了，一管就顶嘴，动不动就拿大人说事。

家长困惑

在生活中，有很多这样的尴尬场面：你告诉孩子不要挑食，但是孩子马上反问，为什么大人就可以随便买自己喜欢吃的东西却不让小孩吃零食？有时候，孩子可能会问，吸烟有害健康为什么爸爸还吸？为什么有那么多大人闯红灯？大人为什么可以看很长时间的电视而只让我们小孩看半个小时？当孩子问这些问题的时候，当家长的总会觉得很惭愧。那么，家长的哪些行为会对孩子产生影响，家长该怎么做才能给孩子树立好榜样呢？

专家解析

一、父母的榜样作用对孩子会产生哪些影响

1. 父母影响孩子的生活习惯

有良好生活习惯的家庭，才能培养出爱整洁、作息规律的孩子。有些家长平时

就乱扔东西、作息不规律或是每天在手机上刷各种消息,却要求孩子摆放物品整齐,按时起床,不玩手机。孩子从小耳濡目染,有样学样,家长有什么样的生活习惯,就会培养出有什么习惯的孩子。

2. 父母影响孩子的兴趣爱好

喜欢运动的家长会带着孩子一起跑步,喜欢看书的家长会陪着孩子一起阅读,喜欢旅游的家长会带着孩子游览名山大川。如果家长不爱学习,却要求孩子考出好成绩,这本身就不符合逻辑。要求孩子上兴趣班,不如和孩子一起培养兴趣。

3. 父母影响孩子的生活态度

如果父母在生活中乐观豁达,遇到挫折能微笑面对,在这样家庭长大的孩子也会乐观坚强。如果家长平时在家不是抱怨单位的事,就是批评现在的社会,孩子长大了也会把不满挂在嘴边。

孩子就像摄像机,能捕捉到父母言行的每一个瞬间。因此,我们说“父母是孩子的启蒙导师”,父母的一言一行都会影响孩子,因此父母更应该成为孩子的榜样。

二、为什么有些家长的榜样教育会失败

首先,有些父母喜欢以“长辈”自居,觉得自己是父母,孩子必须无条件服从,必须严格执行家长的指令。但是在孩子看来他和父母应该是平等关系,父母的逼迫会使孩子产生逆反心理,不再以家长为榜样。

其次,教育孩子要符合孩子的发展规律。比如家长爱读书,这本来是一个很好的榜样,但是如果家长要求孩子读一些超出他理解能力的读物,就会“欲速则不达”。

最后,家长的教育观点要一致。如果家庭成员对孩子提出的要求是相互矛盾的,孩子就会无所适从,不知道该按谁说的去做。

行动指南

■ 智慧家长如何做?

1. 做好自己本职工作,以身作则

孩子的任务是学习,父母的任务是努力工作,给家庭提供经济保障,给家人带来更好的生活。父母应该做的不是在孩子的领域给孩子树立榜样(因为这对大人来说很简单),而是在自己的领域,做好自己的本职工作。家里也讲究分工合作,每个人负责的领域不同。家长在工作上表现出色,把家务处理得井

井有条，自然也会激励孩子努力进取。父母切忌对自己要求很松，却指责孩子做得不够好。

2. 养成自律的好习惯，影响孩子

不管你如何定义成功——家庭美满，腰缠万贯，经济有保障，做自己喜欢做的事情，心理健康，内心富足——但成功往往要具备几个品质，其中自制力才是重中之重。不管是父母还是孩子，自律都是宝贵的品质。拥有自制力的孩子在学业、行为习惯上都会表现优秀，父母无须忧心，因此家长要格外注重自律的培养。

3. 培养自己的兴趣爱好

现在有些孩子沉迷于玩手机和看电视，一方面对眼睛不好，且十分浪费时间，另一方面对孩子的身心和学业都会产生不良影响。最好的方式是培养孩子一些兴趣爱好，比如阅读、跳舞、弹钢琴等，以充实空闲时间。这样不仅能帮助孩子丰富自身经历，还减少了玩手机看电视的时间。父母需要做的不是花时间陪孩子上课外辅导班，而是自己也培养兴趣爱好。看到父母对兴趣爱好的认真投入，孩子耳濡目染也会对自己的爱好更上心。这样一来不仅父母自身生活更幸福，也能影响孩子真正地爱上他的兴趣爱好。

4. 严格遵守基本道德规范

孩子的道德素质是父母培养的重点，家长更是应该严格遵守道德规范。做到不贪小便宜、不说人坏话、不炫耀、不乱发脾气、不为失败找借口、懂得聆听、懂得感恩，经常把“谢谢”和“对不起”挂在嘴边，孩子也会被慢慢影响。

5. 合理宣泄负面情绪

父母不可能一直都以积极的状态展示给孩子，有时候也会抱怨，会委屈。家长也无须把这些负面情绪藏起来，相反家长可以通过向孩子倾诉的方式让孩子学会如何正确地表达自己的不良情绪。如：可以坦诚地告诉孩子“妈妈现在情绪不好，觉得很委屈。宝贝可不可以陪妈妈聊一聊”或者“妈妈现在心情不好，需要自己一个人待一会，宝贝先自己玩吧”。通过这样的沟通方式，孩子以后在有不好的情绪时也会正确表达，且不伤害别人。

6. 持之以恒

榜样教育是一个长期工作，需要耐心细致、连贯地进行。由于孩子的思想具有不稳定性，因而在教育过程中必然发生反复，家长对这种反复应该有足够的认识。要细心疏导，耐心教育，同时家长也要保证自己的言行一致。

自助训练

■ 活动一:我们有多像

活动目标:让孩子和父母意识到双方行为模式的相似性,让家长切身体会自己的行为对孩子产生的影响。

活动准备:A4 纸若干、彩笔若干。

活动过程:

(1) 孩子和父母共同回忆自己一周内上学/上班迟到或者没有按时完成某项任务的次数,写在 A4 纸上。

(2) 孩子和父母分别对自己的学习/工作打分。父母对自己在工作中的表现打分,孩子对自己在学校的表现打分。

(3) 孩子和父母共同回忆一周内在家无理取闹/发脾气的次数,写在 A4 纸上。

(4) 孩子和父母共同回忆自己一周内在家玩手机/看电视/玩电脑游戏的时间,写在 A4 纸上。

(5) 将父母和孩子的答案进行对比,然后父母和孩子一起讨论,分析孩子和父母行为的相似性。

小结:父母总结自己的哪些行为给孩子带来了不好的影响,讨论以后该怎么改正,共同进步;哪些行为对孩子产生了积极影响,如何继续保持。

■ 活动二:请让我来帮助你

活动目标:通过带着孩子参加社区义工活动,使孩子了解世界,为孩子的成长做出榜样。

活动过程:

(1) 可以参加社区或其他机构组织的敬老助老活动,让孩子感受人与人之间要互相帮助,形成尊老爱老的美德。家长可以按自己的方式去帮助老人,而孩子可以通过给老人表演节目、陪老人聊天等方式敬老。

(2) 可以带着孩子去流浪动物救助站,参加救助小动物的义工活动。

(3) 可以在合适的时间带着孩子做环保宣传,让大家都来爱护我们的地球家园。

参考文献

[1] 王萍,冯璐,潘晓东,等.学前儿童问题行为及矫正[M].2版.北京:清华大学出版社,2013.

[2] 巴克利.多动症儿童日常生活的科学管理[M].王思睿,译.北京:中国轻工业出版社,2016.

[3] 林崇德.发展心理学(第三版)[M].北京:人民教育出版社,2018.

[4] 张明红.婴幼儿语言发展与教育[M].上海:上海科技教育出版社,2017.

[5] 朱智贤.儿童心理学(第六版)[M].北京:人民教育出版社,2018.

附录　微视频资源一览表

1. “生命列车”的启示（专题 1）
2. 影响注意力的四点客观因素（专题 6）
3. 如何多元化地了解自己的孩子（专题 9）
4. 如何培养孩子的自信心（专题 11）
5. 如何应对孩子之间的小摩擦（专题 15）
6. 人生成长八阶段（专题 18）
7. 不要给孩子贴标签（专题 19）
8. 孩子“坐不住”可能是什么原因（专题 23）
9. 我们对孩子真正的期盼是什么（专题 27）
10. 用发展的眼光看孩子（专题 29）
11. 为什么要注重培养孩子的情商（专题 31）
12. 预知孩子成长特点（专题 35）